中國的輸入性流動性過剩研究
基於全球化的視角

趙愛清 ● 著

財經錢線

中文摘要

1. 選題背景和目的

自 2005 年以來，世界經濟在金融領域經歷了從流動性過剩到金融危機再到流動性過剩的過山車。當學術界還在努力尋找全球流動性過剩所帶來的資產價格上漲，通貨膨脹壓力和泡沫經濟陰影的出路時，以美國次貸危機為導火索的全球金融危機全面爆發，並迅速演化成世界經濟危機。曾經在國際金融市場上叱咤風雲的許多大型金融機構紛紛倒下，金融市場在危機階段發生了急遽的流動性枯竭。危機從金融領域蔓延到實體經濟領域，包括通用汽車在內的知名企業也一度面臨著破產的威脅。危機之前正在討論的運用緊縮貨幣政策治療流動性過剩的思路被打斷。為了應對危機，美國、日本和英國等各國中央銀行不得不採取量化寬鬆的貨幣政策，向金融機構和金融市場注入大量的流動性。其他國家也紛紛效仿發達國家的方法，用寬鬆的貨幣和財政政策來應對危機。

其實，大多數金融危機的表現都是伴隨著短期的市場流動性劇減。而流動性枯竭和過剩並不是嚴格對立的：這次金融危

機的背景正是流動性過剩，拯救危機的措施又為將來的流動性過剩埋下了伏筆。尤其是對於中國經濟來說，雖然受到了金融危機的影響，但是中國經濟並沒有出現過切實的危機和相伴隨的流動性枯竭，卻一直在大量投放貨幣供給，中國流動性過剩的狀況始終沒有發生根本性的改變。所以，流動性過剩仍然是一個值得研究的重要問題。

在經濟全球化的今天，幾乎沒有什麼問題是某個國家獨有的，也很難找到一個有效的解決辦法。本書試圖從全球化的開放視角，理清在現行的國際貨幣體系（美元本位制）下，全球流動性創造的機理和流動性在國際間的分配機制。並以此為制度背景，以國際分工理論為基礎，來分析在全球化過程中流動性過剩的必然性，中國的流動性過剩的輸入性特點以及流動性輸入中國的渠道。進而在開放的視角下和歷史的過程中去尋找系統的途徑，來化解中國的流動性過剩問題。

2. 主要內容和觀點

本書共分為6章，主要內容和觀點如下：

第1章，導論。這部分介紹了選題的背景及意義，並對全球流動性過剩和中國流動性過剩的國內外文獻進行了綜述。在此基礎上理清了相關的概念和所研究問題的角度，給出了本論文的研究思路和方法。

第2章，關於全球化及內外均衡調節、國際資本流動的理論。本章主要說明貫穿本書的全球化以及國際經濟理論基礎，筆者根據研究的需要，在最大限度地理解概括全球化理論的同時，強調對後續研究有重要影響的理論。主要有：（1）開放的宏觀經濟模型。強調將外部變量引入一國的經濟模型，主要研究開放宏觀經濟內外均衡的調節和國家之間的政策溢出效應。（2）國際政治經濟學關於全球化的理論。總結整理了民族主義、自由主義、馬克思主義的全球化理論以及依附理論與世界體系

論的觀點。(3) 國際分工理論。按照馬克思主義經濟學的基本觀點和方法，當代經濟全球化的發展從本質上講是國際分工深化的結果。因此本論文選擇的理論基礎主要是國際分工理論。

本章整理了國際分工理論發展的三個階段，指出國際分工理論發展的內在邏輯和方向。為了下文分析的需要，筆者隨後給出了確定一個經濟體國際分工地位的兩個維度。多數現實當中的國家總是同時參與垂直和水準的分工，綜合垂直和水準兩個維度來分析，所謂的中心國家就是指在垂直分工中處於高階梯，同時廣泛、深入參與水準分工，在國際貿易中處於主導地位的國家。

第3章，全球流動性的創造和分配機理。本章第一節先分析全球流動性創造的實體經濟基礎——當今國際分工的整體格局。重點分析美國、歐洲、日本和東亞地區在國際分工體系中的大致位置和各自的國際收支特點，並指出了由這種分工和貿易格局造成的全球經濟失衡。第二節分析全球流動性創造的貨幣制度背景——當今國際貨幣體系的特點及運行機制。當今的國際貨幣體系仍然以美元為主導，以一個國家的主權貨幣作為國際本位貨幣，仍然無法避免「特里芬難題」的困擾，國際貨幣體系未來必然隨著各國經濟實力的變化而改變。第三節重點分析當今國際貨幣的創造、分配和流動機理。作為主要國際貨幣的美元，通過貿易方式輸出到德國、中國和東亞出口導向型經濟等貿易國家，再以美元債券等形式回流到美國；歐洲和拉美國家則購買美元金融產品，將金融資本輸送到美國。國際收支的長期失衡已經突破了單個封閉經濟體的經濟分析框架，美國或者中國的國際收支失衡並不僅僅是單個國家的問題，而是全球的問題，是全球化過程中的世界經濟現象。

第4章，中國的流動性過剩——國際資本的輸入。本章首先描述了進入21世紀到次貸危機爆發之前，全球流動性過剩的

狀況，主要以 G5 經濟體的總體貨幣供給和利率水準來反應全球的流動性過剩。接著分析中國的流動性、資產價格與通貨膨脹率，以證明流動性過剩在中國的存在。對於中國流動性過剩產生的原因，本章從理論上分析了內部因素和外部原因，並對中國的流動性過剩進行了實證研究。結果表明：外匯儲備、GDP 和基礎貨幣存在長期均衡關係，外匯儲備對基礎貨幣的影響程度大於 GDP。因此證明：進入 21 世紀以來中國的流動性過剩是由內因（經濟增長）和外因（外匯儲備增加）共同造成的，但是中國當前的流動性過剩已經帶有明顯的輸入性特徵。

第 5 章，國際流動性輸入中國的渠道。本章主要分析國際流動性輸入中國的渠道與規模。首先專門分析了中國在全球分工體系中的地位，瞭解了以上的現狀，才能對國際流動性輸入的渠道產生清晰而深刻的認識。本章分別從實體經濟（貿易與 FDI）視角和貨幣金融視角（短期國際資本）分析了國際流動性流入中國的各種渠道和規模。總的來說，中國以廉價勞動力要素參與國際分工，形成了出口導向型的發展模式，並帶來經常項目順差和流動性的輸入；在國際直接投資領域中國也是吸收多輸出少。在金融投資領域，中國的管制還比較多，但是仍然無法阻止國際「熱錢」通過各種途徑進入中國，本章分析了近年來「熱錢」流入中國的大概規模和渠道。

第 6 章，化解中國的流動性過剩。流動性過剩給中國經濟的健康和可持續發展帶來了困擾。本章試圖在全球化的過程中，系統地尋求化解中國流動性過剩的途徑。在分析了當前兩個看似合理其實不可行的方式之後，筆者提出了沿著兩條邏輯來化解流動性過剩的思路：一是將過剩的流動性輸出。為此我們必須加快人民幣的國際化步伐；改革外匯管理體制；繼續鼓勵中國企業「走出去」進行直接投資；逐步放鬆管制，允許境內資本進行對外金融投資。二是從根本上減少國際流動性的輸入。

為此中國要積極參與並促進國際貨幣體系變革；中國還必須要改變自身的國際分工地位，通過經濟轉型優化產業結構和地區結構，使經濟增長轉向依靠內需和國內市場為主。

3. 主要的創新之處

本書的創新之處在於：

第一，視角有所創新。現有的對流動性過剩的研究存在著不足，國外有學者運用模型實證分析全球流動性過剩的跨國溢出效應，但很少有研究把中國列入其中，更沒有專門研究中國的流動性過剩問題。而國內學者在研究中國的流動性過剩問題時，往往封閉地分析原因並尋找解決之道，忽略了當今全球化的現狀。雖然有些國內文獻提到了全球流動性過剩，但是也僅僅是作為一個前提背景，沒有在一個統一的、完整的框架下對中國的輸入性流動性過剩進行研究。本書從全球化和國際分工格局出發，將國際貨幣體系作為制度因素，系統地分析全球流動性的創造與膨脹，以及全球經濟失衡、中國的雙順差是如何導致流動性輸入中國的，在一定程度上彌補了現有研究的不足。

第二，提出了若干獨特的觀點，具有一定的原創性，相應的對策措施更具有系統性和可操作性。本書認為，全球流動性過剩是全球化過程中在當今美元本位制下必然產生的現象；中國的流動性過剩是由中國的國際分工地位帶來的流動性輸入以及經濟高速增長過程中超額貨幣發行所造成。在如何解決中國的流動性過剩這個問題的對策建議部分，本書從疏導和根治兩條邏輯思路出發提出了對應的具體思路，包括人民幣國際化、外匯管理體制改革、對外直接投資與金融投資以及經濟轉型等。此外本書對若干相應的熱點問題進行了獨立的分析與判斷，比如金融危機為何發生在美國？人民幣匯率一次性升值到位是否有助於減緩熱錢湧入？中國保持經濟增速高於 M_2 增速是否可能？等等。

第三，研究方法上更加科學、全面。本書注重理論與實際的結合，以一定的理論基礎合理地解釋現實的經濟問題，並運用理論解決問題。在分析中國流動性過剩的原因時，深入剖析了中國流動性過剩的外部原因和內部原因，既有規範分析論證又運用了實證分析來提供證據，驗證了中國的流動性過剩帶有明顯的輸入性特徵，增強了說服力。更加全面地掌握了問題的本質。

當然，由於各種條件的限制，本研究還存在很多局限，例如沒有更加詳細地分析中國流動性過剩的具體原因，同時有些相關問題尚未進一步研究。這些都有待於作者今後的努力。

關鍵詞： 全球化　國際分工　國際貨幣體系　流動性過剩

Abstract

The globe economy experiences the excess liquidity and financial crisis since 2005. Many scholars began to discuss the excess liquidity. They try to use tightened monetary policy to solve the above question. But the financial crisis requests expansionary monetary policy. So it is a conflict.

As a matter of fact, the excess liquidity will be a question to be study even after the financial crisis. Especially for China, the influence of financial crisis on Chinese economy is not serious, and the Chinese government supplies large quantity of money. So the excess liquidity still exists.

Under the open economy, any issue is relative to the international background. So the author tries to study the excess liquidity from the international perspective. Firstly the author analyzes the cause of globe liquidity and the distribution mechanism. Then the author analyzes the characters of inflow liquidity and the inflow channel and tries to find some measure to solve the excess liquidity.

The paper is composed of six chapters.

Chapter 1 introduces the background of the paper. Then the author sums up the literature regarding the excess liquidity. Lastly the author introduces the method, the outline, the creativeness and the shortcoming of the paper.

Chapter 2 introduces three theories, including globe theory, equilibrium adjust theory and international capital flow theory which are the base of the following paper. Briefly the theory base is the international specialization theory.

Chapter 3 analyses the liquidity creation and the distribution mechanism. Firstly the author analyses the current international specialization and the globe economy imbalance due to the international specialization. Then the author analyses the current monetary system which is the background of the globe liquidity. Lastly the author focuses on the liquidity creation and the distribution mechanism.

Chapter 4 analyses the cause of Chinese excess liquidity. The author applies the empirical analysis to find the cause of Chinese excess liquidity. And the author chooses three variables: foreign exchange reserve, GDP and base money quantity. The overcome shows that the excess liquidity is due to the two factors: foreign exchange reserve and GDP.

Chapter 5 analyses the channel to China of the international liquidity. The channel includes real economy and financial perspectives. The position of the Chinese specialization leads to the model of export－oriented and long－term current item excess. So the excess and the hot money are the channel of international capital.

Chapter 6 analyses the method to solve excess liquidity. The first is to output the liquidity. And the second is to reduce liquidity input.

To do the above mentioned, China must play a role in the reform of international monetary system and change the Chinese position of international specialization.

The method used in the paper includes qualitative and quantitative analysis. There are three points to be mentioned:

The first is that the paper is written from a new perspective. The paper links the globe economy and the liquidity. So the study is the necessary supplement.

Secondly, the author brings out some original ideas. The globe excess liquidity is inevitable due to the current international monetary system. And the Chinese excess liquidity is caused by the input liquidity and extra money supply. The author tries to find the measures to solve excess liquidity from wider perspective.

Thirdly, the method is more science and wider. The author applies some proper theory to explain the current situation.

Of course, because of the restrictions of research terms, there are some limitation for the paper and await the farther research.

Key words: Globalization; International specialization; International monetary system; Excess liquidity

目 錄

1　導論　1

1.1　研究背景、意義和目的　2
1.2　研究思路與方法　5
1.3　相關研究文獻綜述　6
　　1.3.1　關於全球流動性過剩的研究述評　6
　　1.3.2　關於中國流動性過剩的研究述評　21
1.4　創新之處與不足　28

2　全球化與國際資本流動的相關理論　31

2.1　經濟全球化的內涵　32
　　2.1.1　全球化的定義　32
　　2.1.2　經濟全球化的特徵和發展趨勢　34
2.2　開放的宏觀經濟學的均衡調節模型　36

  2.2.1 IS-LM-BP 模型的均衡調節 36
  2.2.2 蒙代爾-弗萊明模型的均衡調節與國際資本流動 39
 2.3 **國際政治經濟學的相關理論** 40
  2.3.1 民族主義 41
  2.3.2 自由主義 42
  2.3.3 馬克思經濟學的全球化與國際資本流動理論 43
  2.3.4 依附理論與世界體系論——西方馬克思主義 45
 2.4 **本書的主要理論基礎——國際分工理論** 47
  2.4.1 國際分工理論發展的三個階段 48
  2.4.2 國際分工理論發展的邏輯和趨勢 52
  2.4.3 確定一個國家在國際分工體系中地位的兩個維度 54

3 全球流動性的創造和分配機理 57

 3.1 **全球流動性創造的實體經濟基礎**
    ——當前的國際分工格局 58
  3.1.1 當前國際分工的新特點 59
  3.1.2 當今世界主要國家在國際分工體系中的地位及其
     國際收支特點 61
  3.1.3 當前國際分工格局下的全球經濟失衡 72
 3.2 **全球流動性創造的制度背景——國際貨幣體系** 75
  3.2.1 金本位制及其根本缺陷 75
  3.2.2 布雷頓森林體系（美元—黃金本位） 76
  3.2.3 牙買加體系（美元本位） 77
  3.2.4 國際貨幣體系演進的邏輯 79
 3.3 **國際貨幣的提供、膨脹和流動機制** 81
  3.3.1 當前國際貨幣的主要構成 81
  3.3.2 全球貨幣流動性的提供、膨脹過程 81

3.3.3　美元的循環方式與全球經濟失衡的金融視角　84
3.4　產業虛擬化與流動性過剩
　　——金融危機為何發源於美國？　86
　　3.4.1　去工業化與虛擬化——美國產業結構變化的特點　87
　　3.4.2　以虛擬經濟為推動力的美國經濟運行模式　88
　　3.4.3　美國產業虛擬化的背景和原因　89
　　3.4.4　金融危機發生在美國的必然性　92

4　中國的流動性過剩——國際資本的輸入　95

4.1　全球流動性過剩——世界經濟的痼疾　96
　　4.1.1　進入21世紀G5國家的貨幣供給　96
　　4.1.2　過剩的流動性去了哪裡？　99
4.2　中國的流動性、資產價格與通貨膨脹　101
　　4.2.1　流動性過剩在中國的凸顯　102
　　4.2.2　人民幣內外價值的背離：對外升值與對內貶值
　　　　　並存　105
　　4.2.3　中國的流動性過剩與資產價格　107
4.3　中國流動性過剩的內因與外因——理論分析　111
　　4.3.1　流動性過剩的內部原因　112
　　4.3.2　流動性過剩的外部原因　115
4.4　中國流動性過剩的內因與外因——實證檢驗　120
　　4.4.1　變量的選取與數據平穩性檢驗　120
　　4.4.2　實證分析　122
　　4.4.3　結論　127

5 國際流動性輸入中國的渠道 129

5.1 中國參與全球化的方式與流動性輸入 130
5.1.1 中國在國際分工體系中的地位 130
5.1.2 制度特色：實體經濟開放與貨幣領域的封閉 136
5.1.3 小結：中國的國際分工地位決定了流動性輸入的必然 137

5.2 流動性輸入的實體經濟視角——貿易與FDI 138
5.2.1 貿易渠道的流動性輸入 138
5.2.2 外國直接投資（FDI）渠道的流動性輸入 140
5.2.3 小結 142

5.3 流動性輸入的金融視角——國際短期資本的流入 142
5.3.1 熱錢的界定與流入的規模 143
5.3.2 熱錢流入中國的渠道 148
5.3.3 影響熱錢流入的因素分析 150
5.3.4 熱錢流入給中國經濟帶來的影響 152
5.3.5 小結 153

6 化解中國的流動性過剩 155

6.1 流動性過剩對中國經濟的危害 156
6.1.1 流動性過剩迫使中國走向經濟泡沫化的邊緣 157
6.1.2 中國經濟有陷入「滯漲」的危險 158
6.1.3 阻礙中國資本市場的健康發展 159

6.2 化解中國流動性過剩的兩種方式 ——看似合理實則不可能 161
6.2.1 實體經濟的增速快於貨幣增速的可能性 161

6.2.2　人民幣一次性大幅度升值並不能緩解流動性過剩　164
　6.3　人民幣國際化——疏導過剩流動性的必然選擇　166
        6.3.1　人民幣國際化的必然性　167
        6.3.2　人民幣國際化的條件　168
        6.3.3　人民幣國際化的現狀與途徑　169
　6.4　改革外匯管理體制　173
        6.4.1　藏匯於民，切斷外匯儲備與貨幣供應的直接聯繫　173
        6.4.2　「藏匯於民」在短期內的實質影響有限　174
　6.5　進一步鼓勵境內資本「走出去」對外投資　175
        6.5.1　鼓勵中國企業對外直接投資　175
        6.5.2　擴大對外金融投資　176
　6.6　改革國際貨幣體系　179
        6.6.1　新特里芬難題　179
        6.6.2　國際貨幣體系的未來走向　180
        6.6.3　黃金＋碳貨幣：世界單一貨幣的構成基礎？　182
　6.7　經濟轉型——在歷史的過程中化解流動性過剩　184
        6.7.1　在國內各區域之間發揮比較優勢，調整產業結構　184
        6.7.2　改革要素價格形成體制，緩解要素價格扭曲　187
　6.8　結論　189

附表：實證分析數據　190

參考文獻　191

後記　198

致謝　200

1 導 論

1.1 研究背景、意義和目的

自 2005 年以來，世界經濟在金融領域經歷了從流動性過剩到金融危機再到流動性過剩的過山車。當學術界還在努力尋找全球流動性過剩所帶來的資產價格上漲、通貨膨脹壓力凸顯和泡沫經濟陰影的出路時，以美國次貸危機為導火索的全球金融危機全面爆發，並迅速演化成世界經濟危機。曾經在國際金融市場上叱咤風雲的許多大型金融機構紛紛倒下，金融市場在危機階段發生了急遽的流動性枯竭。危機從金融領域蔓延到實體經濟領域，包括通用汽車在內的知名企業也一度面臨破產的威脅。危機之前正在討論的運用緊縮貨幣政策治療流動性過剩的思路被打斷。為了應對危機，美國、日本和英國等各國中央銀行不得不採取量化寬鬆的貨幣政策，向金融機構和金融市場注入大量的流動性。其他國家也紛紛效仿發達國家的方法，用寬鬆的貨幣和財政政策來應對危機。其實，大多數金融危機的表現都是伴隨著短期的流動性劇減。而流動性枯竭和過剩並不是嚴格對立的：這次金融危機的背景正是流動性過剩，拯救危機的措施又為將來的流動性過剩埋下了伏筆。

尤其是對於中國經濟來說，雖然受到了金融危機的影響，但是中國經濟並沒有出現過切實的危機和伴隨流動性枯竭，但是為了避免國內外利差過大並且刺激經濟防止衰退，中國也一直在大量投放貨幣供給，中國流動性過剩的狀況始終沒有發生根本性的改變，且國際流動性傳到中國，導致近年來中國的通貨膨脹壓力和通貨膨脹預期加大，房地產泡沫也急遽膨脹。因此，在 2011 年中國不得不轉向實行緊縮性的貨幣政策。所以，

流動性過剩仍然是一個值得研究的重要問題。

西方主要世界貨幣供給國（以美國和日本為代表）從 2002 年開始實行寬鬆的貨幣政策，使得全球流動性迅速膨脹，這種流動性過剩通過貿易或者投資的渠道分配到世界各國，引起了許多國家的房地產和金融資產價格泡沫，美國也不例外。過剩的流動性必然帶來通貨膨脹壓力，因此美聯儲在 2004 年連續加息，從而在 2007 年觸發了泡沫破滅，危機爆發。為了防止危機惡化，美國和其他受到危機影響的國家不得不繼續採取寬鬆的貨幣政策和積極的財政政策。在利率接近於零的背景下，它們只能採取量化寬鬆的貨幣政策，通過購買大量的國債等方式投放貨幣。而中央銀行投放的這些貨幣必將在將來帶來流動性過剩和通貨膨脹的隱患。

在經濟全球化的今天，幾乎沒有什麼問題是某個國家獨有的，也很難找到一個國內的有效解決辦法。金融全球化和實體經濟全球化是不可分離的兩個方面。全球流動性的分配機理十分複雜，而中國作為世界第二大經濟體，多年來的經濟發展，利用比較優勢深入參與到國際分工體系之中，出口和投資一直是中國經濟發展的主要推動力。中國的經濟發展模式具有自身的特點，以勞動密集型製造業為基礎的出口導向的模式，使中國通過貿易帳戶輸出商品輸入大量的美元；人民幣升值預期和中國經濟良好的發展前景，吸引了大量的境外直接投資（FDI）和國際熱錢湧入中國；中國出現了雙順差，在當前的外匯管理體制下，雙順差使外匯占款迅速增長，導致國內貨幣供給量增長過快，宏觀經濟和金融體系均出現了流動性的過剩問題。

中國經濟在 2003 年至 2007 年以及 2009 年以後飽受流動性過剩之苦，在雙順差和外匯儲備迅速累積的同時，國內商業銀行出現流動性過剩，房地產價格和股票價格也出現了泡沫的跡象。人民幣匯率自 2005 年匯改開始緩慢上升，又誘使國際「熱

錢」湧入，進一步加劇了國內流動性過剩。2007年8月中國經濟開始出現通貨膨脹徵兆，並同時伴隨著股票和房地產價格泡沫。正當人們討論是否應該實行適度緊縮的貨幣政策來遏制流動性過剩帶來的資產價格泡沫和通貨膨脹壓力時，美國次貸危機爆發並蔓延到全球。由於中國經濟發展的模式是出口導向型的，因此，金融危機主要通過貿易渠道影響到中國經濟。2009年上半年中國出口額同比下降21.8%，出口下降加大了國內就業壓力。為了應對金融危機和經濟衰退，世界各國政府紛紛採取了不同的貨幣和財政政策。而中國的金融機構並沒有在此次危機中遭受嚴重的打擊，因此，中國流動性過剩的局面可以說並沒有發生扭轉。在寬鬆的貨幣政策和積極財政政策的背景下，伴隨著世界經濟的復甦，中國的流動性過剩問題必然還會顯現。值得強調的是，由於中國經濟基本面良好，在發達國家金融市場還沒有完全恢復元氣之時，全球過剩的流動性很有可能首先選擇進入中國，而大規模的「熱錢」會把中國股票市場和房地產市場的價格再次推高，並帶來通貨膨脹。

本書試圖從全球化的開放宏觀經濟視角，厘清在現行的國際貨幣體系（美元本位）下，全球流動性創造的機理和流動性在國際間的分配機制。並以此為制度背景，分析全球流動性過剩的必然性，以及中國的流動性過剩的輸入性特點和渠道，從而在發展模式上和開放策略上尋找解決輸入性流動性過剩的途徑。本研究的理論意義在於，有利於豐富流動性過剩研究的視角，不再將流動性過剩問題局限於貨幣領域，而是結合國際分工格局、國際貨幣體系的現狀與演變，從實體經濟和貨幣層面同時進行研究；嘗試並強調把中國的流動性過剩問題放在全球化的過程中，從發展的、開放的視角，把全球流動性過剩和中國的流動性過剩放在一個統一的框架下來分析。本研究也具有很強的現實意義，加強該領域的研究，對於在後危機時代中國

的經濟發展方式、貨幣政策的導向以及金融開放的實踐，均有重要的參考價值。找到流動性輸入中國的必然性和渠道，才能有效地採取措施防範各種金融風險，並有針對性地化解或抵禦流動性過剩的危害。這對於外部經濟聯繫日益緊密、對全球市場的依賴性逐步增強的中國經濟的穩定和可持續增長而言意義重大。

1.2　研究思路與方法

　　雖然流動性問題首先是貨幣領域的問題，但是中國的流動性過剩並不能僅僅看作是個貨幣問題，其產生的根源和帶來的影響，以及解決的途徑，都必須從產業分工、經濟結構、貨幣政策與經濟發展模式等多方面來思考。因此，本研究不把視角局限於貨幣領域，而是將國際貨幣體系作為既存的制度前提，在厘清全球流動性過剩形成機理的條件下，重點分析中國在參與全球化過程中的流動性過度輸入問題，以期證明，在經濟和金融全球化的今天，在目前這種世界經濟格局和國際貨幣體系之下，全球流動性過剩以及虛擬經濟過度繁榮甚至危機等問題，都具有一定的客觀必然性；而且，在中國經濟迅速發展的時期，由於採取出口導向和政府投資驅動的發展模式，也必然會帶來外部失衡並相應地輸入大量的流動性。值得指出的是，本書主要觀察在外部失衡條件下，中國經濟如何被動地吸收全球過剩的流動性，但是這並不代表作者否認中國流動性過剩的原因之中還有國內因素。

　　本研究思路可以概括為圖1-1所示（箭頭表示有決定性的影響）：

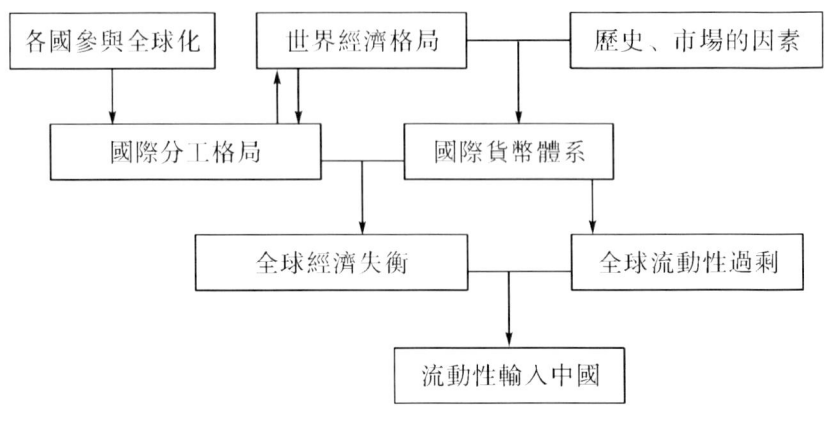

圖 1-1 本書的分析框架

　　本書雖然研究的是中國的流動性過剩問題，但是筆者力圖將其納入到一個整體分析框架中去，也就是將全球流動性過剩和中國的輸入性流動性問題放到世界體系中來分析，並結合全球化和國際貨幣體系演變的歷史規律，以開放的視角來看待此問題，而不是孤立地將問題局限在中國的國內經濟環境來分析。為此，在寫作過程中，交叉運用了多種分析方法，例如宏觀分析、制度分析和產業分析，規範分析和實證分析法，還有比較分析法、歷史分析法等。

1.3　相關研究文獻綜述

1.3.1　關於全球流動性過剩的研究述評

　　進入 21 世紀以來，流動性過剩問題從發達國家擴散到全球，成為世界經濟重要的特徵之一。流動性過剩引發的問題成為學術界和政策制定者研究和討論的熱點。美國、日本等發達

國家在2001年以來採取了寬鬆的貨幣政策，從而使全球流動性迅速膨脹，繼而引起國際金融市場資產價格上漲。同時，以中國為代表的新興市場經濟體外匯儲備過快增長，造成基礎貨幣被動地過多發行，國內貨幣政策效果甚微。而在2006年以後，歐美國家的房地產市場在加息週期中迅速萎縮，因為流動性過剩產生的資產泡沫破滅，美國次級債危機引發了危及全球的金融海嘯。其實，國際金融市場表現出的瞬時流動性枯竭，其產生的背景卻是流動性過剩，而各國政府聯手救市的主要手段，仍然是繼續向市場注入巨額的貨幣流動性。這些注入的流動性如果在未來不能被有效地衝銷，就會埋下流動性累積過剩的隱患，所以流動性過剩問題遠遠沒有解決，仍然需要我們深入研究。

對於流動性過剩的內涵、衡量、形成原因、後果和解決對策等問題，國外學者從多個角度進行了大量的研究；在中國，隨著近年來國內流動性過剩問題的凸顯，學術界也逐漸關注到此問題。在此評述國內外學者對全球流動性過剩研究的文獻，期望從中厘清全球流動性過剩的本質問題和解決的思路。

1.3.1.1 流動性、流動性過剩和全球流動性過剩的界定

流動性（Liqudity）一詞，最早來自於凱恩斯的《就業、利息和貨幣通論》。流動性是指某種資產轉換為支付清償手段的難易程度，由於現金可以直接用於購買，因此被認為是流動性最強的資產。希克斯（1967）[①] 把流動性資產分成三類：（1）交易者為維持其經濟活動所需要的營運資產；（2）為了對經濟衝擊中難以預見的變動保持靈活反應而持有的儲備資產；（3）為獲取收入而持有的投資資產。從近年來的研究文獻來看，對流動性的理解主要有兩個層面的含義：貨幣流動性和市場流動性。

---

① HICKS J R. Critical Essays in Monetary Theory [M]. Oxford: Oxford Unibersity Press, 1967.

Becker, Sebastian (2007)[1] 認為, 貨幣流動性是和一些宏觀變量比如短期利率、貨幣供給總量相聯繫的。而市場流動性涉及微觀的測度, 比如市場深度、廣度、彈性等。市場流動性可以理解為: 大量的交易能夠迅速完成並且對價格的衝擊最小。

　　對於市場流動性與貨幣流動性之間到底存在怎樣的關係, 以及二者相互影響的途徑是什麼, 現有文獻很少給予專門的研究。學術其實這兩個層面的流動性是相互聯繫的, 比如經濟的復甦通常可以導致貨幣流動性和市場流動性的同時增長。貨幣流動性是市場流動性的源泉, 貨幣發行量過多就會導致資產價格的上漲。Stahel (2004)[2] 發現全球流動性衝擊影響了美國和日本的股票市場。Chordia (2002)[3] 也發現, 美國的流動性總量波動對其債券市場和股票市場均有影響, 並與貨幣政策存在關聯。然而在風險資產市場上, 貨幣流動性不一定必然轉換成高的市場流動性, 這種轉換存在滯後效應。Woon Gyu Choi (2006)[4] 對日本的研究證明, 金融市場流動性衝擊可能會影響宏觀經濟。也許從美國的次級債危機中, 更能使我們透澈理解貨幣流動性與市場流動性之間的關係。一方面, 次級抵押貸款和次級債券產生的背景就是貨幣流動性過剩造成的房地產和金融資產價格上漲, 從而引起信用的擴張和虛擬經濟的過度繁榮。另一方面, 房地產泡沫的破滅, 在金融衍生產品橫向風險分擔機制的放大作用下, 造成全球市場流動性的急遽下降, 迫使各

---

[1] BECKER, SEBASTIAN. Global Liquidity Glut and Asset Price Inflation. Deutsche Bank Research, 2007 (5).
[2] STAHEL, CHRISTOF W. Is There a Global Liquidity Factor? Mimeo. Ohio State University. 2004.
[3] CHORDIA TARUN, RICHARD ROLL, AVANIDHAR SUBRAHMANYAM. Order Imbalance, Liquidity, and Market Returns. Journal of Financial Economics 65 (July). 2002: 111 – 130.
[4] WOON GYU CHOI, DAVID COOK. Stock Market Liquidity and the Macroeconomy: Evidence from Japan. IMF Working Paper No. 05/6, January 10, 2006.

國中央銀行不得不向市場注入更多的貨幣流動性來相助，而這又埋下了未來通貨膨脹的隱患。

對於流動性過剩（Excess Liqudity or Liquidity Glut）的含義，國外學者們基本達成了統一的意見。他們在提到流動性過剩時，往往特指貨幣流動性過剩。其原因顯而易見，根據以上對於流動性的兩種定義，市場或金融資產的流動性，主要用來反應交易活躍程度和交易費用的高低，高的流動性往往代表著低的交易費用和投資者較高的預期回報率，交易活躍的金融市場往往具有高的流動性，相當數量的金融資產完成交易並不對價格產生實質性的影響，這也在一定程度上代表了此市場競爭充分，交易費用低。因此對於市場流動性來說，過剩與否很難衡量且沒有實際意義，更有實際意義的是市場流動性的突然不足——這是危機的徵兆。因此一般講過剩的流動性自然是對貨幣層面的流動性而言的。西方經典的經濟學理論一直強調，貨幣數量並不是越多越好，存在一個適度總量的問題，超過這個總量就有流動性過剩的可能。貨幣層面的流動性過剩是指實際貨幣存量對理想均衡水準的偏離。[1] 至於理想的均衡貨幣存量如何確定，那又是另外一個複雜的問題。

1.3.1.2　全球流動性過剩的測量

當我們將視角放寬到世界經濟範圍內，因為少數幾個發達國家（比如G5[2]）的經濟總量在世界經濟中占了很大的比重，世界貿易和國際資本流動也主要以這幾種貨幣計值，所以全球範圍的流動性提供者可以說主要是幾個西方發達國家。如果在某段時期內這些主要的世界貨幣供給國同時實行寬鬆的貨幣政

---

[1]　POLLEIT, THORSTEN, GERDESMEIER, DIETER. Measures of Excess Liquidity [EB/OL]. http: //www. hfb. de/dateien/2005.

[2]　G5 是指這五個經濟體：美國、歐元區、日本、英國和加拿大。G5 的名義 GDP（美元計價）占到全球總量的 2/3，而且數據的質量良好，所以成為全球流動性過剩的測量重點。

策，或者貨幣增長率相對經濟增長而言過快，在開放經濟的背景下就會產生全球流動性過剩。

流動性過剩的概念雖然聽起來很直觀，但是要測量它卻很難，這幾乎是大多數學者的困惑。準確地衡量全球貨幣流動性很困難，更有挑戰的是判斷在哪一點上貨幣流動性開始變得過剩。從理論上說，衡量貨幣流動性有兩個替代指標：價格度量（比如短期利率）和數量度量（比如各層次的貨幣供給總量）。Polleit（2005）[1] 提出了四種測量流動性過剩的數量方程：價格差額法（The Price Gap）、實際貨幣差額法（The Real Money Gap）、名義貨幣差額法（The Nominal Money Gap）、貨幣懸掛法（The monetary overhang）。在實際的研究文獻之中，被用來測量流動性過剩的方法常見的有以下幾種：

（1）貨幣供給增長率。最初的文獻在描述全球流動性過剩問題時，曾經直觀地運用世界狹義或廣義貨幣供給增長率來形容流動性的快速膨脹。觀察 G5 經濟體從 1990 年以來的貨幣供給增長率曲線，可以明顯發現，不論狹義貨幣還是廣義貨幣供給增長率，在 2002 年以後都呈現出加速的特點。來自國際貨幣基金組織（IMF）的數據表明，世界廣義貨幣在 2004—2005 年快速增長，其增長速度是 1980 年代以來最快的。[2]

（2）馬歇爾 K 值，即貨幣總量/名義 GDP。要明確判斷是否存在全球流動性過剩，僅僅看全球流動性增長率是不夠的，因為經濟的擴張和國際交易的擴大也需要更多的貨幣。雖然貨幣增長並不一定永遠要比名義 GDP 快，但是兩者的比率還是值得研究的，假定貨幣流通速度不變，名義 GDP 是貨幣交易需求的

---

[1] POLLEIT, THORSTEN, GERDESMEIER, DIETER. Measures of Excess Liquidity [EB/OL]. http://www.hfb.de/dateien/2005.

[2] RASMUS RÜFFER, LIVIO STRACCA.「What is Global Excess Liquidity, and Does it Matter」[R]. ECB, Working Paper Series. NO. 696/11, 2006.

良好替代指標。Morgan Stanley（2005）[①] 定義用馬歇爾 K 值來衡量流動性過剩。學者們分別測量了若干主要經濟體的馬歇爾 K 值，包括狹義貨幣和廣義貨幣兩種數據，證明全球流動性過剩的存在。

　　餘永定指出，G5 的廣義貨幣存量與名義 GDP 之比在 1996—2006 年之間上升了 20 多個百分點。[②] Sebastian Becker（2007）的計算也顯示：自 1996 年以來，全球流動性確實比名義 GDP 增長要快。從狹義貨幣[③]來看，特別是在 2001—2003 年之間，在國家水準上，除美國以外的所有被研究的國家[④]，其狹義貨幣都產生了流動性過剩，其中日本比較典型，因為它實行了長期的零利率政策。然而全球狹義貨幣流動性從 2006 年第 2 季度開始已經逐漸下降並出現了負增長，主要原因是世界範圍內的緊縮貨幣政策。從廣義貨幣層面來看，所有樣本經濟體自 1996 年以來也產生了流動性過剩（加拿大除外）。廣義貨幣流動性過剩主要產生於美國、日本、歐元區和英國。英國在 2004 年到 2006 年創造廣義貨幣流動性的速度是最快的，這是因為其金融市場非常發達，信用擴張使廣義貨幣（M_4）的增長非常快。

　　這種狹義貨幣與廣義貨幣流動性增長的分歧意味著什麼呢？廣義貨幣是在狹義貨幣的基礎上通過信用擴張創造出來的，二者的變化趨勢應該趨同，在狹義貨幣與 GDP 的比率下降的時候，似乎廣義貨幣流動性也應該相應地減少。2008 年美國金融市場發生的危機給出這樣的答案：在狹義貨幣緊縮的情況下，過度

[①] MORGAN STANLEY. Is Global Excess Liquidity Drying Up? [J]. Global Economic Forum, 8, Novermber, 2005.
[②] 餘永定. 理解流動性過剩 [J]. 國際經濟評論, 2007（7）：5-7.
[③] Sebastian Becker 用各國可以獲得數據的 M_1 作為狹義貨幣，英國在 2006 年第一季度之前用 M_0 作為狹義貨幣。
[④] 他們研究的對象是 G5，另外還加上澳大利亞、新西蘭、中國和印度。

的信用擴張和金融創新派生的廣義流動性也會突然減少,金融市場會出現瞬時的流動性不足。只不過廣義貨幣對狹義貨幣偏離的迴歸有個時滯效應。

張明(2007)[①]計算了美國、日本、歐盟以及東亞經濟體、沙特和俄羅斯的馬歇爾K值。結果發現美國的狹義貨幣與名義GDP比率(M_0/GDP、M_1/GDP)從2000年以來並未出現明顯增長,M_2/GDP甚至低於20世紀70年代初期的水準,但M_3/GDP從2000年以來出現了顯著增長。而日本無論是M_2/GDP還是M_3/GDP的指標值均遠遠高於美國,2005年其M_2/GDP達到144%,M_3/GDP達到230%,而同期美國的相關指標為54%和82%。歐元區自1998—2005年馬歇爾K值變化比較平緩。他認為歐洲並不存在明顯的流動性過剩。但是張明沒有將英國的相關指標單獨加以測算。在東亞經濟體中,從廣義貨幣與名義GDP的比率來看,自2000年以來增長最快的主要有:中國、中國香港、臺灣、馬來西亞。作為石油輸出國成員的沙特阿拉伯,其廣義貨幣和狹義貨幣與名義GDP的比率都處於比較平穩的水準。俄羅斯的狹義貨幣與GDP比率增長緩慢,M_2/GDP自2000年以來增長迅速。

(3)貨幣差額法,是用實際貨幣存量水準與均衡貨幣存量水準之間的差額來衡量流動性過剩程度,如果前者高於後者,就存在流動性過剩。關於均衡貨幣存量水準的測定有多種方法,例如歐洲中央銀行就將其定義為與價格穩定相一致的貨幣存量水準。具體測算時需要主觀選擇一個基期,並對潛在產出水準、貨幣流動速度等進行嚴格假設,所以只能對某一單個經濟體進行實證測算,而應用於全球經濟或者像G5這樣的經濟體組合時,可能會產生較大的偏差。

---

① 張明. 流動性過剩的測量、根源和風險涵義 [J]. 世界經濟, 2007 (11): 44-55.

(4) 貨幣懸掛法，這個方法對貨幣差額法的局限性進行了改進。均衡貨幣存量水準是基於一個由貨幣需求方程推出的長期關係，真實貨幣存量水準再同由模型估計出的均衡水準相比較，這一定義消除了選擇基期的問題。[1] Christian Dreger, Jürgen Wolters（2008）[2] 的實證研究表明，真實貨幣差額法和貨幣懸掛法測量的流動性過剩，並沒有給歐洲地區帶來明顯的通貨膨脹壓力。

裴平、黃餘送（2008）[3] 以最優貨幣供給規則為理論視角，採用適度貨幣供給增長率作為判斷標準，以實際貨幣增長率對適度貨幣供給增長率的偏離來衡量流動性過剩（短缺）的程度。這種方法也可以看作是貨幣懸掛法的改進。他們根據中國實際情況測算出適度的貨幣供給增長率為14.4%。測算結果表明，中國1999年10月至2002年6月存在流動性短缺；2002年7月至2004年8月，存在明顯的流動性過剩；2004年9月至2005年4月，由於中國人民銀行的強力調控，貨幣供給增長率下降，出現輕微流動性短缺；2005年5月至2007年1月，又出現明顯的流動性過剩問題。

1.3.1.3 全球流動性過剩產生的根源

我們必須從全球流動性的供給機理出發，才能真正把握流動性過剩產生的根源，不能把流動性過剩帶來的後果和現象當成其原因。

(1) 發達國家寬鬆的貨幣政策是流動性過剩的源頭。很多

---

[1] 金成曉、王猛. 國外流動性過剩理論的最新發展：一個文獻綜述 [J]. 江漢論壇，2008 (9)：19-22.

[2] CHRISTIAN DREGER, JÜRGEN WOLTERS. M_3 Monetary demand and Excess Liquidity in the Euro Area [J]. German Institute for Economic Research (DIW Berlin) discussion paper NO. 795, may 2008.

[3] 裴平、黃餘送. 中國流動性過剩的測度方法與實證 [J]. 經濟學家，2008 (5)：111-120.

文獻都提到了2001—2005年期間,世界主要經濟體(美國、日本、歐盟)實行了寬鬆的貨幣政策。全球實際利率保持在創紀錄的低水準,2000—2005年,美國、日本、歐盟三大經濟體的短期和長期實際利率為負值。2001年1月到2003年6月,美聯儲連續13次下調聯邦基金利率,使該利率降至1%的歷史最低點。而日本在2000年之後一直實行零利率政策,歐元區的短期利率從2000年第四季度的5.02%連續下調至2004年第一季度的2.06%。英國的短期利率從2000年第三季度的6.12%連續下調至2003年第三季度的2.50%。發達國家國內的低利率政策降低了銀行信貸成本和投資的機會成本,從而促使廣義貨幣迅速增長。並且日本的M_1與GDP的比率快速上升並處於很高的水準,沒有被日本經濟吸納的大量低成本日元通過對沖基金等各種渠道進行全球套利,成為全球流動性過剩的重要原因。在日本的外國銀行短期借貸從2004年7月的2900億日元上升到2007年3月的95,000億日元,外國銀行短期借貸的比例也從2.7%上升到42.9%。[1]

(2)資產價格上漲、金融創新和金融衍生產品的繁榮。全球股票、債券和房地產等資產價格的上漲,既是流動性過剩的結果又進一步強化了流動性過剩。金融資產價格的上漲會帶來財富效應,從而可能刺激消費和交易,增加貨幣需求。Herring and Wachter(2003)[2]指出:房地產價格上升可以通過兩種渠道來推動銀行信貸擴張。第一,房地產價格上升提高了銀行自有資產價值以及房地產抵押物的價值,促使銀行提供更多的房地產抵押貸款;第二,在房地產繁榮時期,由於風險短視銀行的

---

[1] BECKER, SEBASTIAN. Global Liquidity Glut and Asset Price Inflation. Deutsche Bank Research, 2007 (5).

[2] HERRING R, WACHTER S. Bubbles in Real Estate Market. Asset Price Bubbles: The Implications for Monetary, Regula-tory, and International Policies [M]. MIT-Press, 2003.

競爭越來越激烈，那些原本謹慎的銀行也不得不放鬆貸款標準。資產價格的上升將會導致銀行對資產需求量的上升。另外，金融創新導致的各種流動性金融工具的大量出現，從非流動性資產到流動性資產的易變性，提供了廣義貨幣流動性。金融衍生商品的槓桿效應，使得投資者潛在的金融權益被放大多倍，導致金融流動性大大增加。據朱民、馬欣[1]統計，2006年的全球流動性中，M_0 占 1%，M_2 占 11%。證券化債券只占全球流動性的 13%，而以金融衍生產品形式存在的那部分流動性約占 75%，金融衍生產品的價值與全球 GDP 的比率高達 800%。

（3）經濟全球化帶來的多重流動性創造。經濟全球化過程中出現的不同類型的資本流動可能具有多重貨幣創造的功能。[2] 產業跨國轉移過程無論是採取外商直接投資還是資本市場融資併購方式，抑或是依賴金融衍生品進行，都會經過銀行或者資本市場形成貨幣創造。此外國家之間的經常性項目與資本項目補償過程會形成貨幣創造。全球經濟失衡導致的結構性儲蓄過剩問題，也成為全球流動性提供的一個渠道。新興市場經濟體的外匯儲備通過主權財富基金等形式回流到美國，完成了流動性在全球的循環。石油輸出國的石油美元回流到美國或其他發達國家，也相當於創造了流動性。也正是由於石油美元回流機制的存在，石油輸出國的貿易順差引致的外匯儲備增加並沒有導致國內基礎貨幣或信貸相應的增長。Sebastian Becker（2007）認為，東亞經濟體的固定匯率制度加重了全球流動性過剩，但是他沒有對此觀點進行嚴格的論證。東亞經濟體累積了大量的外匯儲備，的確給本國帶來了明顯的流動性過剩問題，但不一定是全球流動性創造的根本因素。更確切地說，東亞新興經濟

---

[1] 朱民、馬欣. 新世紀的全球資源性商品市場 [J]. 國際金融研究，2006 (11).

[2] 唐杰. 匯率、經濟增長與流動性過剩 [J]. 開放導報，2007 (12).

體是充當了吸收全球過剩流動性的角色。

1.3.1.4　流動性過剩的影響及其跨國溢出效應

流動性過剩意味著相對於產品或者資產來說，追逐它們的貨幣過多。因此過剩的流動性必然會在產品或資產價格中有所反應。如果過多的流動性追逐真實產品，就會帶來某些重要產品（如石油和黃金）價格的上漲，甚至會導致核心價格水準的上漲，帶來通貨膨脹；如果過多的流動性追逐金融資產和房地產，就會導致這些資產價格過度上漲產生泡沫。學者們對於全球流動性過剩所產生的影響進行了比較詳細的研究。

（1）流動性過剩對資產價格的影響。過剩的貨幣流動性最直接的去向就是證券和房地產市場，雖然貨幣流動性轉化成市場流動性可能存在一個滯後效應。根據 Sebastian Becker（2007）的測算，G5 廣義貨幣快速增長，在兩年以後對世界股票市場回報率有正向的影響。在全球流動性過剩的背景下，事實上，各國的資產價格也迅速繁榮。各主要發達國家的股票指數從 2003 年開始轉跌為升，截至 2007 年第二季度，美國、加拿大和日本的股票指數均顯著超過 2000 年的峰值水準，歐元區和英國的股票指數也接近或達到該水準。G5 流動性過剩總量產生的滯後效應，明顯地體現在美國和英國的房地產價格上。有趣的是，英國房價與全球流動性之間的關係，比其與英國本國 M_4 之間的聯繫更加緊密，這一發現也可能反應了英國國際金融中心的地位。許多文獻實證分析證明了資產價格與流動性過剩存在顯著的相關性。Adalid and Detken（2005）[1] 證明，對 18 個 OECD 國家來說，自 20 世紀 70 年代以來，流動性過剩和總資產價格存在著緊密的聯繫，即使考慮了貨幣和信貸的內生性之後也是如此。

---

① ADALID RAMON, DETKEN CARSTEN. Excess Liquidity and Asset Price Boom / Bust Cycles [EB/OL]. http：//www.ecb.int/pub/pdf/scpwps/ecbwp732.pdf. 2005.

Belke, Water（2007）① 在全球視角內用 OECD 國家的總量數據研究了全球流動性和資產價格的關係，結果表明，正向的全球流動性衝擊導致全球 GDP 平減指數和房價指數的永久性增長，而後者的反應更加突出。

（2）流動性過剩與通貨膨脹。根據貨幣數量論，如果貨幣供給量相對於經濟增長過快，經濟可能面臨著通貨膨脹的壓力。從 2000 年以後的全球經濟基本面來看，迄今為止尚未發生嚴重的通貨膨脹。從 2002 年至 2007 年，全球核心通貨膨脹率在 2% 左右，發達國家低於 2%，發展中國家也不高於 3%。不過伴隨著流動性過剩，全球大宗商品（如石油、黃金、有色金屬等）價格開始快速上升，黃金是儲備資產，儲備資產價格大幅上升，與通貨膨脹預期和貨幣貶值是同步的。大宗商品的價格上升單從供應缺口無法解釋，比如銅和石油的價格上升都是在供大於求的狀況下發生的。對於這些商品價格的非理性高漲，有人認為是國際流動性貨幣脫離實體生產體系進行投機操作的結果。②

對於為什麼全球流動性的過剩沒有帶來主要世界貨幣輸出國的通貨膨脹，主要的解釋有以下幾種：受經濟全球化的影響，發展中國家產品和勞動力市場價格低廉，阻止了發達國家產品和服務價格的上漲；一個廣泛認可的說法是，過剩流動性主要流入了資產市場（比如債券、股票和房地產）引起了資產價格而不是消費品價格的上漲；還有一個解釋認為，過剩的流動性被發展中國家吸收，也就是說，在開放的世界經濟體系中，美國、日本、歐盟等過度發行的貨幣並沒有給它們自身帶來通貨膨脹的代價，而是轉嫁給了其他國家。因此，就連一貫注重控

---

① ANSGER HUBERTUS BELKE, WATER ORTH. Global Excess Liquidity and House Prices – A VAR Analysis for OECD Countries [R]. Ruhr Economic Paper NO. 37, December 2007.

② 曹新. 國際油價變動趨勢和中國石油安全問題研究 [J]. 經濟研究參考, 2007（60）.

制通貨膨脹率的歐盟，當認識到了這一好處之後，也開始降低利率，實行寬鬆的貨幣政策。Chengsi Zhang, Hong Pang (2008)① 通過計量模型檢驗發現，1997—2007 年期間，流動性過剩給中國帶來了明顯的通貨膨脹壓力。

Rasmus Rüffer and Livio Stracca (2006) 對 G5 模型的測量已經具有統計上的顯著性：流動性過剩在全球水準上對產出和價格產生了衝擊；流動性過剩是代表通貨膨脹壓力的一個有用指標。

(3) 流動性過剩的跨國溢出效應。較早期的關於國際貨幣政策傳遞的模型是蒙代爾—弗萊明模型 (MF)。當貨幣是外生變量時，擴張的貨幣政策創造的流動性沒有直接的數量上的溢出。本國貨幣政策與外國產出之間應該存在反方向關聯。然而，外國貨幣當局可能會注入更多的貨幣來緩解其產出的下降，這種行為可能會在本國貨幣與外國貨幣之間形成正向的聯繫。在新開放經濟模型中 (Obstfeld and Rogoff, 1995)② 由於短期價格粘性，在真實利率下降時，相對於未來的商品，當期商品變得更便宜，使得對國內和國外產品的需求會同時增加，因此國內擴張的貨幣政策反而會促進國外的產出水準，這一點與 MF 模型不同。

對流動性過剩的跨國溢出效應，國外學者也進行了大量的實證研究，大多數研究焦點集中在 VAR 框架中貨幣政策衝擊的傳導。已經有許多文獻證實③，美國擴張的貨幣政策，通過降低

---

① CHENGSI ZHANG, HONG PANG. Excess Liquidity and Inflation Dynamics in China: 1997 – 2007 [EB/OL]. http://papers.ssrn.com/sol3/papers.cfm?abstract_id=1189820#. 2008.

② OBSTFELD M, K ROGOFF. Exchange rate Dynamics Redux [J]. Journal of Political Economy, 1995 (103): 624 – 660.

③ Kim, S. International Transmission of US Monetary Policy Shocks: Evidence from VARs. Journal of Monetary Economics, 2001, 48, PP. 339 – 372.

世界真實利率，刺激了全球總需求。從而對其他國家的產出和證券市場的發展有正向的影響。但是這些實證分析典型的局限是，只分析貨幣政策領導國（如美國）的政策對追隨國（具有開放小國特徵）的影響，而對於貨幣政策在規模相當的國與國之間如何傳遞研究得不足。Rasmus Rüffer and Livio Stracca (2006)[①] 在此方面作出了新的貢獻。他們從全球的視角出發，不僅分析美國貨幣政策對其他國家的影響，而且也分析了全球貨幣衝擊對美國的影響。他們收集了 15 個國家的數據，用狹義貨幣、廣義貨幣與名義 GDP 的比值，代表流動性過剩的程度。並用真實 GDP 加權（1995 年購買力平價匯率計算）的 G5 國家貨幣總量，來代替全球貨幣總量。研究表明：韓國、巴西和新西蘭的貨幣條件可能會受到五個主要工業國家的影響。全球流動性衝擊對歐洲和日本的產出有同方向的影響，而對美國的產出有反向影響。全球流動性對歐洲和日本的經常帳戶沒有影響，但是對美國的經常帳戶有正向影響。因此，全球擴張的貨幣衝擊有助於減輕美國外部不平衡而不是惡化它。美國好像對全球流動性衝擊具有某種「免疫力」，對此現象 Schmidt (2006)[②] 的解釋是因為國際市場以美元定價的機制。但是 Rasmus Rüfer (2006) 利用真實有效匯率來分析，並沒有得到預期的結果。格蘭杰因果檢驗表明：工業國對群組之外的其他國家的影響較大，而在這些國家之間相互影響有限。他們的數據不支持重力模型 (Gravity Model)，說明流動性過剩的傳導在地理分佈上特點不明顯。我們認為，這可能是因為資本在全球流動的方式與貿易流動不同。

---

① Rasmus Rüffer and Livio Stracca.「What is Global Excess Liquidity, and Does it Matter」ECB, Working Paper Series. NO. 696/11, 2006.
② Schmidt, C. International Transmission of Monetary Policy Shocks: Can Asymmetric PriceSetting Explain the Stylised Facts? International Journal of Finance and Economics. 2006, 11, 3, pp. 205 - 218.

此外，張明[①]借助「中心—外圍」理論來解釋全球流動性過剩的傳導，認為位於中心的美國與日本釋放流動性，位於外圍的東亞國家和石油輸出國吸收流動性，同時將一部分流動性重新注入美國。其思想與復活的布雷頓森林體系（revivedbretton woods system）有相似之處。

1.3.1.5 解決方案

對如何解決全球流動性過剩問題，現有文獻提出的建議比較少。更多的文獻是指出全球流動性過剩的潛在風險，應該防範各自國家內部的風險，警惕由於泡沫破滅影響實體經濟。Sebastian Becker（2007）[②] 認為，從長期來看，使全球流動性回到合理（正常）水準的基本方案有兩個：(1) 繼續實行 2006 年以來的全球緊縮的貨幣政策，尤其是歐洲央行（ECB）、英格蘭銀行（BOE）或日本銀行（BOJ）的長期利率在短期內不應該立即放鬆。(2) 保持全球名義 GDP 的增長快於同期貨幣存量增長。他們認為第一個方案可能觸發世界信用、證券市場重新定價的風險，第二個方案對金融市場來說相對要好得多。遺憾的是，2008 年美國的次級債危機的蔓延已經挫傷了華爾街金融機構，造成信用萎縮，資產價格泡沫破滅，市場流動性迅速下降，並拖累美國和世界經濟走向衰退。世界各國聯手挽救的重要方式，就是降低利率，繼續注入大量的流動性，實際上已經放棄了緊縮的貨幣政策，看來第一個方案已不可行。目前只能選擇第二個方案，保持世界各國的經濟快速增長或者不至於衰退，實現這一目標的主要的力量恐怕還是要來自於廣大發展中國家和新興市場經濟體。而在世界各國經濟高度依存的情況下，這

---

① 張明. 流動性過剩的測量、根源和風險涵義 [J]. 世界經濟, 2007 (11)：44-55.
② SEBASTIAN BECKER. Global Liquidity Glut and Asset Price Inflation [R]. Deutsche Bank Research, 2007 (5).

些發展中國家也很難實現獨自的繁榮。因此，此時是改變發展中國家在國際貿易和分工領域的不平等地位的良好契機，不過這確實是一個複雜而漫長的過程。

1.3.2 關於中國流動性過剩的研究述評

在全球流動性過剩的大環境下，開放並快速發展的中國經濟也飽受流動性過剩的困擾。對此，學者們從多個方面進行了研究。國內學者從2005年開始關注並研究中國的流動性過剩問題，並在2007年和2008年達到研究的高潮。筆者搜索了中國知網的學術期刊全文數據庫，關於中國流動性過剩問題的研究公開發表的文獻情況分佈情況是：2005—2010年，專門研究流動性過剩的論文共有1059篇，其中2005年3篇，2006年48篇，2007年381篇，2008年373篇，2009年91篇，2010年48篇。可以大致看出理論研究是伴隨這一現實經濟問題的變化而變化的。中國的流動性過剩問題研究的內容主要涉及以下方面：

1.3.2.1 中國是否存在流動性過剩及其表現

由於學者們對流動性過剩問題研究的切入點不同，對流動性過剩有不同的表述，比如商業銀行流動性過剩、貨幣流動性過剩、市場流動性過剩等。因此他們對於中國是否存在流動性過剩以及衡量的標準也就各不相同。

（1）銀行體系中的流動性過剩。中國的流動性過剩問題首先在商業銀行體系中表現出來。因此最早研究中國流動性過剩的文獻，幾乎都是研究的商業銀行流動性過剩。對於銀行的流動性過剩，大多數學者接受英國 Macdonaldand Evans 公司出版的《經濟與商業辭典》中的概念，即銀行自願或被迫持有的流動性超過健全的銀行業準則所要求的通常水準。該辭典後來的再版中關於流動性過剩的含義概括為：無論是自願還是其他原因，當銀行持有的流動性資產超過穩健經營原則所對應的必要水準

時，就發生了流動性過剩。學者們往往通過以下幾個指標來判斷中國的銀行體系中出現了普遍的流動性過剩：

第一，存貸差擴大。最早研究中國銀行體系出現流動性過剩都從存貸差擴大來表述。2000—2007年中國金融機構存貸差上升速度很快，表明商業銀行存在流動性過剩[1]。截至2005年末，存款增速高於貸款增速3.71個百分點，是2000年的3.8倍；金融機構存差達到創紀錄的9.2萬億元，占存款餘額的32%；存量的貸存比為68.0%，新增量的貸存比為53.6%[2]。但是有學者指出，僅僅看存貸差擴大還不能夠全面反應銀行流動性過剩，因此還要結合其他相關指標來分析。

第二，銀行擁有的超額準備金過多。餘永定（2007）認為[3]，商業銀行過剩的流動性資產就是其所擁有的超額準備金，超額準備金率是衡量銀行流動性過剩的一個重要指標。金融機構在中央銀行的超額準備金由2000年末的4000億元增長到2004年末的12,650億元，年均增長率高達32.9%，截至2005年12月末，全部金融機構超額儲備率達4.17%（連建輝、翁洪琴，2006）。圍繞流動性過剩問題，從2006年7月開始中國人民銀行連續19次上調了法定存款準備金率，但是對於緩解流動性過剩收效存在明顯的時滯效應。2007年5月份的數據顯示，中國商業銀行的平均超額準備金率已經下降到1%左右，如果僅以超額準備金率為尺度，似乎銀行體系的流動性過剩已經得到控制。但是餘永定（2007）認為，僅僅根據銀行超額準備金率的變化來判斷流動性是否過剩是不夠的。理由是，在其他條件不變的情況下，超額準備金的變化可能是商業銀行貸款意願變

---

① 連建輝，翁洪琴. 銀行流動性過剩：當前金融運行中面臨的突出問題 [J]. 財經科學. 2006（04）：5-11.
② 朱慶. 解讀當前市場流動性過剩 [J]. 上海經濟研究，2006（10）.
③ 餘永定. 理解流動性過剩 [J]. 國際經濟評論，2007（7）：5-7.

化的結果。如果商業銀行的貸款意願不變，央行提高法定存款準備金率一般會導致超額準備金率的下降。但是，如果商業銀行的貸款意願增加，即便央行沒有提高法定準備金率，超額準備金率也會隨著商業銀行貸款的增加而下降。

第三，持續走低的貨幣市場利率。從 2005 年 3 月開始，整個貨幣市場利率持續走低。其中，銀行間市場同業拆借利率（7天）從最高位的 2.26% 下降到最低位的 1.48%，直到 2006 年 6 月才回到 2.19%。2005 年末質押式國債回購 7 天品種加權平均利率僅為 1.56%，比年初的 1.84% 下降了 28 個基點，銀行間市場 1 年期國債和央行票據的收益率徘徊在 1.32% 和 1.42% 左右，兩年期金融債發行利率也跌至 2.0% 以下，均低於 1 年期 2.25% 的銀行存款利率，貨幣市場利率與銀行存款利率出現了倒掛現象。中國銀行間拆借市場的利率水準比較低，這說明流動性是充沛的。

總之，在判斷銀行體系是否存在流動性過剩時，大多數學者都認為不能僅僅根據某一個單一的尺度來衡量，而應該結合多種標準。無論採取什麼尺度，被承認的客觀事實是，在 2005 年至 2007 年間，中國的商業銀行出現明顯的流動性過剩。

（2）宏觀經濟層面的流動性過剩。隨著客觀經濟情況的變化和研究的深入，國內文獻逐漸將研究視角從銀行體系轉到宏觀經濟層面上來。宏觀角度的流動性過剩可以說就是貨幣供給大於需求或者貨幣供給速度超過了正常經濟增長所需要的水準。從貨幣供給的角度來看，很容易判斷出中國在 2002—2006 年期間出現了流動性過剩。

國內學者們除了上文提到的馬歇爾 K 值、貨幣差額法等衡量中國存在著流動性過剩之外，朱慶（2006）還用超額貨幣（excess money EM）變化率來描述超額供給這一現象，即超額貨

幣變化率＝貨幣供給增長率－經濟增長率－物價上漲率。他用 GDP 增長率近似代替經濟增長率，用居民消費價格指數近似代替物價上漲率，分別計算了與 M_1，M_2 相對應的超額貨幣變化率 EM_1 與 EM_2。結果是 1998—2005 年年均 EM_1 與 EM_2 分別高達 5.4 和 6.5。2006 年上半年貨幣供應量 M_1 和 M_2 同比分別增長 15.30%、18.43%，比上年同期分別上升 4.30 和 2.76 個百分點，但 GDP 增長率為 10.9%，相比 2005 年同期 9.9% 僅有微弱增長，居民消費價格指數 CPI 同比也僅上漲 1.3%，貨幣超額供給的態勢嚴重。

1.3.2.2 產生流動性過剩的原因

對於國內流動性過剩產生的原因，學者們給出了各個視角的觀點，可謂眾說紛紜。筆者據目前掌握的資料概括如下：

（1）從金融體制和貨幣政策的角度來分析。裴平、熊鵬（2003）認為[1]，貨幣政策傳導機制存在缺陷，貨幣政策傳導中存在「滲漏」效應，大量貨幣不是被傳導並作用於生產、流通和消費等實體經濟環節，而是「滲漏」到股票市場和銀行體系。這些「滲漏」的貨幣在經濟形勢好轉的情況下，就會通過股票市場和銀行體系回流出來，造成市場流動性過剩。盧萬青、魏作磊（2008）[2] 認為金融發展的相對滯後加劇了流動性過剩。

（2）經濟結構失衡。國內有學者認為，相對於投資和出口的高速增長，中國的消費近年來雖有增長加快的趨勢，但仍遠落後於前二者的增速。特別是 2002 年以來投資增長的速度持續超過消費增速，投資與消費的比例失衡問題加劇，消費相對落後使大量資金沉澱在銀行體系內部循環。投資與消費的結構失

---

[1] 裴平，熊鵬. 中國貨幣政策傳導中的「滲漏」效應 [J]. 經濟研究，2003 (8).

[2] 盧萬青，魏作磊. 當前中國流動性過剩的主要原因是結構性失衡 [J]. 經濟學家，2008 (2).

衡是造成中國流動性過剩的根本原因。進一步來講，20世紀90年代以來，中國居民消費占比逐年萎縮，固定投資總額占比日益膨脹，主要原因是中國分配的結構性失衡所致。至於投資過熱的原因，盧萬青（2008）認為是政府和國有企業出現投資衝動並引致投資過度的現象。因為政府投資者和國企投資者不是拿自己的錢進行投資，不承擔至少是不完全承擔投資失敗的損失，而擴大投資可以獲得政績或者控制更多的資源。

（3）產業結構不合理。許文彬（2008）[①]認為中國的流動性過剩是由於第二產業對資本的吸納能力飽和，製造業等傳統產業資本溢出效應顯現，而中國巨大的就業壓力阻礙了產業結構升級，第三產業發展滯後，所以過剩的資本進入房地產和金融市場，流動性過剩問題開始形成。但是，他的推斷沒有給出相關的檢驗，而且並沒有從根源上解釋為什麼第二產業會在這個時期普遍出現資本溢出效應。僅僅依據資本邊際報酬遞減規律恐怕不能作為有力的證據。

（4）實證分析。國內許多學者運用各種實證分析方法，試圖尋找出造成中國流動性過剩的原因，得出的結論不盡相同。李勇（2007）採用2000年到2006年9月的數據，實證分析認為外匯占款是造成中國流動性過剩的主要原因。但是其研究的缺陷是：模型中所納入的變量太少，無法判斷外匯占款是占絕對主要地位的影響因素。李婷（2008）從宏觀角度出發，選取銀行存貸差作為反應流動性過剩的指標，以2000年1月至2007年10月的相關數據為基礎，採用協整分析和格蘭杰因果關係檢驗等方法，得出以下結論：流動性過剩同外匯占款、貨幣發行量M_2、股票市場以及貿易結構存在協整關係，外匯占款、M_2、

[①] 許文彬. 經濟增長、產業結構演進與流動性過剩[J]. 財經問題研究，2008（8）：40-45.

股價可以視為導致存貸差不斷擴大即流動性過剩的原因，但目前貿易結構並不是導致中國流動性過剩的直接原因。這一研究的不足之處是，沒有理清流動性過剩的理論含義，將 M_2 作為一個獨立於流動性過剩的因素來研究，在經濟原理上有循環論證之嫌。章和杰、錢小兵（2008）將中國流動性過剩產生的原因分為內部原因和外部原因，運用協整方程、誤差修正模型（ECM）、脈衝回應函數和方差分解分析了中國流動性過剩的原因。結論認為，貨幣供應量與外匯儲備、國內收入制度變量之間存在長期的穩定正相關關係，外匯儲備對貨幣供應量增加的貢獻度最大，中國流動性過剩問題主要是由於中國長時間雙順差導致外匯儲備激增所引起的。餘華義、陳東（2009）用1997—2007年的數據實證分析證明，貿易順差是造成流動性過剩的主要原因。

1.3.2.3 解決的思路

對於如何緩解或者根治中國的流動性過剩，學者們從不同的角度進行了討論。雖然沒有形成統一的意見，但是對於流動性過剩如此複雜的經濟問題，試圖運用某一種單一的手段就可以解決，顯然是不可能的。而流動性過剩的解決還需要從長遠的、開放的、系統的視角來分析才能得到比較科學的思路。國內學者對中國流動性過剩的解決思路，大致可以歸納為以下幾點：

（1）適度從緊的貨幣政策。面對流動性過剩，短期的對策就是實行緊縮的貨幣政策。這在實踐中也被採用。2006年7月開始，中國人民銀行連續19次提高法定存款準備金率直接的目的就是吸收銀行體系的流動性過剩。然而，適度從緊的貨幣政策只能治標，不能治本，中國不能僅依靠貨幣政策來根治流動性過剩。很多學者認為需要多種調控手段的配合，才能發揮作

用。朱慶（2006）提出積極擴大公開市場操作，擴大交易對象，增加交易工具，加大衝銷、創新力度，減緩外匯占款過多導致的流動性過剩壓力；搭建貨幣政策的有效傳導機制，抑制貨幣政策傳導過程的「滲漏」效應；根據宏觀經濟形勢變化，適時、準確地進行宏觀調整，避免政策操作的偏差。

（2）深化國內金融體制改革。李勇（2007）認為，中國流動性過剩與現行匯率制度和外匯管理體制下國際收支雙順差所帶來的外匯占款之間存在著密切的相關性，是造成流動性過剩的主要原因。因此，中國要徹底解決流動性過剩問題必須要深化匯率形成機制和外匯管理體制改革。陳非、金超然（2009）從微觀的角度提出緩解銀行流動性過剩的途徑，認為商業銀行應該發展多元化業務，分散其行流動性風險；應該不斷通過制度創新來促進資產結構的多元化以及盈利的抗風險能力。此外，中國監管當局還應該建立系統的流動性管理指標和預警體系。

（3）調整經濟結構，擴大內需。朱慶（2006）認為，應該加大經濟結構和區域結構調整力度，促進區域經濟協調發展；加快社會保障體系建設，促進消費快速增長。只有經濟結構和區域結構得到優化，經濟運行質量得到提高，市場流動性過剩才能從根本上得到扭轉。餘華義、陳東（2009）認為，中國的流動性過剩主要原因是貿易順差持續擴大，因此他們給出的對策也就是如何減少貿易順差的問題。途徑包括：人民幣升值、調整出口退稅政策、優化進口結構並適當擴大進口規模、解除企業和居民在海外投資方面的限制、鼓勵企業和民眾進行海外投資等。

（4）產業結構轉型。許文斌（2007）認為發展第三產業，充分發揮其勞動力吸納能力，對在妥善化解就業壓力的前提下推動中國整體產業資源結構的高度化轉變具有十分重要的意義。

而一旦第二產業的資源結構轉變得以完成，資本密集型的增長方式開始形成，則其資本吸納能力將得到倍數放大，流動性問題自然也就迎刃而解。

1.3.2.4 簡單評價

國內學者們在研究中國流動性過剩問題時，大都是從中國經濟內部來尋找原因和對策。這也許是出於傳統的「內因是動力，外因是條件」的思維方式，也許能直接找到問題的主要矛盾，但是在全球化的背景下孤立地研究開放的中國經濟問題，也難免會有失偏頗，犯盲人摸象的錯誤。儘管有少數的實證研究將外匯占款、外匯儲備或者貿易順差這些因素納入到分析中，並且還驗證了這些變量在造成中國流動性過剩中發揮了作用，但是現有研究還沒有從開放的和系統的角度，將中國的問題放在全球化的環境中來綜合分析，也沒有發現有文獻專門研究中國流動性過剩的輸入性問題。

1.4 創新之處與不足

本研究的創新之處主要歸結為以下三點：

第一，視角有所創新。現有的對流動性過剩的研究存在著不足，國外有學者運用模型實證分析全球流動性過剩的跨國溢出效應，但很少有研究把中國列入其中，更沒有專門研究中國的流動性過剩問題。而國內學者在研究中國的流動性過剩問題時，往往封閉地分析原因並尋找解決之道，忽略了當今全球化的現狀。雖然有些國內文獻提到了全球流動性過剩，但是也僅僅是作為一個前提背景，沒有在一個統一的、完整的框架下對中國的輸入性流動性過剩進行研究。本書從全球化和國際分工

格局的出發，將國際貨幣體系作為制度因素，系統地分析全球流動性的創造與膨脹，以及全球經濟失衡、中國的雙順差是如何導致流動性輸入中國的，在一定程度上彌補了現有研究的不足。

第二，提出了若干獨特的觀點，具有一定的原創性，相應的對策措施更具有系統性和可操作性。本書認為，全球流動性過剩是全球化過程中在當今美元本位制下必然產生的現象；中國的流動性過剩是由中國的國際分工地位帶來的流動性輸入以及經濟高速增長過程中超額貨幣發行所造成。在如何解決中國的流動性過剩的對策建議部分，本書從疏導和根治兩條邏輯思路出發提出了對應的具體的思路，包括人民幣國際化、外匯管理體制改革、對外直接投資與金融投資以及經濟轉型等。此外本書對若干相應的熱點問題進行了獨立的分析與判斷，比如金融危機為何發生在美國？人民幣匯率一次性升值到位是否有助於減緩熱錢湧入？中國保持經濟增速高於 M_2 增速是否可行？等等。

第三，研究方法上更加科學、全面。本書注重理論與實際的結合，以一定的理論基礎合理地解釋現實的經濟問題，並運用理論解決問題。在分析中國流動性過剩的原因時，深入剖析了中國流動性過剩的外部原因和內部原因，既有規範分析論證又運用了實證分析來提供證據，驗證了中國的流動性過剩帶有明顯的輸入性特徵，增強了文章的說服力。更加全面地掌握了問題的本質。

當然，本書還存在著一些不足之處，需要後續的深入研究來彌補。

首先，主要關注中國流動性過剩的輸入性特徵，雖然沒有否認造成中國流動性過剩的國內因素，但是為了突出主題的需

要，也許對於國內因素分析得不夠全面。對於流動性過剩產生的內部原因，還有待後續研究的繼續探討。

其次，本書把中國的流動性過剩與中國出口導向型的發展模式聯繫起來，認為是這種開放模式造成了當前中國的國際分工地位和貿易失衡，從而導致流動性的過度輸入。這一結論雖然在本書中得到了中國實證的驗證，但是還需要更多國家（比如東亞與中國類似的經濟體）的實證檢驗來驗證。

2
全球化與國際資本流動的相關理論

本書將中國的輸入性流動性過剩放在全球化過程中來分析，並不是將全球化作為一個分析的背景，因此，必須運用的基礎理論包括全球化的內涵、全球化過程中的國際經濟關係以及國際資本流動等理論。本章主要說明貫穿本書的理論基礎，在浩瀚龐雜的理論流派和觀點中，筆者根據研究的需要進行了選擇，在最大限度地理解概括相關理論的同時，強調對後續研究有重要影響的理論。雖然在本章第四節中，筆者專門寫了國際分工理論作為本書的研究視角。但是，本章中所涉及的經濟理論將在以後章節的研究中運用。比如，在分析全球流動性創造和分配機理和國際貨幣體系等內容時，需要運用國際政治經濟學的思想；在實證研究中國流動性過剩的原因時，就要使用開放的宏觀經濟學的相關研究方法。

　　關於全球化、國際分工與貨幣流動性之間的邏輯關係，可以這樣理解：在全球化的過程中，各經濟體按照各自的稟賦與模式參與到國際分工生產體系中來，國際分工格局決定了產業結構和貿易結構，從而各國的國際收支結構。在貨幣信用經濟下，商品和要素以及資本的跨國移動，必然是以貨幣為媒介的，因此形成了國際貨幣流動性的循環。

2.1　經濟全球化的內涵

2.1.1　全球化的定義

　　全球化（globalization）的概念，最早是 20 世紀 60 年代由「羅馬俱樂部」提出的。隨著全球化實踐的發展，全球化的理論探討也如火如荼。可以將近年來關於全球化的概念歸納為以下

三種類型①：

（1）制度論，這種觀點從社會制度，或者說生產關係的角度來理解全球化，認為全球化就是現代性的各種制度向全球擴張的過程。

（2）科技論，就是從生產力的角度來定義全球化，認為全球化就是在科技革命的基礎上，世界經濟的聯繫和依賴日益緊密的現象，是跨國公司跨國界擴張的活動過程。

（3）綜合論，是上面兩種觀點的綜合，認為全球化是以科技發展為主要推動力的客觀歷史進程，同時這種發展也必然引起生產關係的變化和發展。

對於經濟範疇的全球化，不同的學者對於全球化有不同的定義。比如國際貨幣基金組織給出的定義是：「全球化是跨國商品與服務交易及國際資本流動規模和形式增加，以及技術的廣泛迅速傳播，世界各國經濟的相互依賴性增強。」② 這個定義可以描述全球化的各個層面的現象和動態發展過程，但是沒有觸及本質的動因。斯蒂格利茨把全球化精煉地歸結為「世界各國更加緊密的一體化。」③ 這一定義明確了經濟全球化發展的趨勢和終極方向，當然在這個過程中，全球經濟在每個階段會出現不同的時代特徵。

綜合以上觀點，本書認為，經濟全球化是在市場經濟的基礎上，生產要素在全球範圍內配置的過程，在這一過程中各個國家或經濟體由於相互滲透、相互依存、相互競爭與合作，進而使全球經濟形成一個整體。

---

① 白永秀，任保平. 現代政治經濟學 [M]. 北京：高等教育出版社，2008：341.
② 國際貨幣基金組織. 世界經濟展望 [M]. 北京：中國金融出版社，1997：45.
③ 斯蒂格利茨. 全球化及其不滿 [M]. 北京：機械工業出版社，2004：3.

2.1.2 經濟全球化的特徵和發展趨勢

經濟全球化表現在國際經濟的各個方面，在生產、貿易、投資和金融等多層面都呈現出全球化的特徵和趨勢。

2.1.2.1 生產的全球化

人類的生產活動是以分工和協作的方式進行的，市場則起著分工媒介的作用，分工的深化程度反應著生產的社會化程度。當分工在空間上跨越了國界就產生了國際分工。生產全球化主要有兩重含義：一是單個企業（主要是跨國公司）的國際化生產向縱深推進，其跨國經營的分支機構在數量上和地域上極大地擴展，在組織安排和管理體制上超越國界的局限；二是借助於跨國公司以及其分支機構間多形式的聯繫，逐步建立以價值增值鏈為紐帶的跨國生產體系。以跨國公司為核心，建立了全球化生產體系，使世界各國的生產活動不再孤立。尤其是20世紀90年代以來，跨國公司無論是在數量上還是在規模上都有較大的發展和突破，這些跨國公司控制著全世界1/3的生產，2/3的貿易，70%的對外直接投資和70%以上的專利和其他技術轉讓，已經成為全球化的主要推動組織。

2.1.2.2 貿易的全球化

經濟全球化的開端就是從國際貿易開始的，國際貿易的發展逐步加深了國家之間的聯繫。貿易全球化主要表現為國際貿易規模迅速擴大，參與國際貿易的國家不斷增加。20世紀90年代以來，國際貿易的增長率遠遠超過了世界各國國民生產總值的增長率。2006年全球貿易增長8.5%，遠高於世界經濟3%的增長率。1995年1月1日世界貿易組織（WTO）成立時有112個國家和地區加入，到2002年已經達到180個。貿易全球化是經濟全球化的內在驅動力量，今後各國之間圍繞市場展開的競爭將越來越激烈，貿易自由化的長期趨勢與短期貿易保護主義

的現實將同時並存。

2.1.2.3 投資全球化

跨國投資一般可以採取證券資產投資與直接投資兩種形式。儘管在當今的世界上，國際資本流動大部分採取的是證券資產投資的形式，但是直接投資的重要性遠遠超過前者，因為直接投資與生產要素流動的關係很緊密，並具有促使實際資源跨國轉移的效應。國際直接投資的行為主體是跨國公司。伴隨著跨國公司在全球範圍內投資生產，配置資源，全球跨國投資一直在創紀錄地發展，涉及的國家和地區明顯增多。據聯合國貿發會議統計，2000年國際直接投資流入量達12,710億美元，是1980年的22倍，相應地，國際直接投資占世界各國國內投資的比重也由2.3%提高到22%。國際直接投資的發展趨勢與國際分工模式的變化也是一致的。發展中國家吸收外資和對外投資的增長速度都在加快，同發達國家的差距正在縮小。投資的全球化使國家之間的生產、技術、銷售和服務環節的交流得到了加強，經濟一體化的程度越來越高。

2.1.2.4 金融全球化

金融全球化是經濟全球化的重要組成部分，是全球金融活動和風險發生、分擔機制日益緊密關聯的一個客觀歷史過程。進入21世紀以來，各國逐漸放開了貨幣兌換和金融市場，到2000年底IMF的182個成員中，有152個國家和地區承諾實現經常項目可兌換，有近40個國家和地區已經實行或承諾資本項目可兌換，即本幣自由兌換。貨幣的可自由兌換為金融全球化發展創造了條件。隨著各國金融市場的對外開放和對金融機構從事跨國業務管制的放鬆，金融機構在全球開展各種金融業務，出現了許多全球金融百貨公司。同時，發達國家的國際金融中心相互之間逐漸成為一個整體，金融全球化成為世界經濟發展中最為關鍵而敏感的一個環節。當然，金融全球化的效應是雙

重的,一方面促使資金在全球範圍內流動配置,另一方面也使金融風險在更複雜的全球環境中累積並擴散。

金融全球化使得國際資本流動規模迅速擴張,隨著全球經濟的迅速發展和金融一體化程度的提高,國際金融資本的流動逐漸恢復到占統治地位,表現出持續高速的增長速度,甚至不受經濟週期和實質經濟發展的影響。2004年金融資本占全部國際資本流入總額的92.4%,同期國際直接投資的比重下降到僅為7.46%。

2.2 開放的宏觀經濟學的均衡調節模型

西方經濟學的開放宏觀經濟模型主要用來解釋和驗證某個經濟體在開放條件下的均衡調整以及國際收支調節問題,也包括研究國與國之間的經濟政策的相互影響。而這些模型並不能用來解釋全球化的一般進程和動力以及制度發展的問題,因為再複雜的模型也不可能把全球經濟的各種因素系統地包納進去。雖然如此,大多數模型都充分考慮了國際資本流動、國際收支平衡、匯率與利率調整等方面的因素,開放的宏觀經濟模型在研究全球化進程中國家之間的相互依賴與影響方面,仍然是有力的工具。

2.2.1 IS—LM—BP 模型的均衡調節

在開放經濟條件下,將一國內部的一般均衡模型加以改造,引入國際收支均衡線 BP 之後,就是最簡單的 IS—LM—BP 模型(如圖 2.1 所示)。

BP 曲線表示的是使國際收支均衡的各種收入和利率組合,

其斜率反應一國資本流動性的特徵。對資本流動限制越少，短期資本的流動對國內利率變化就越敏感，BP 曲線就越平坦。BP 曲線左邊的點表示國際收支盈餘，右邊的點表示國際收支赤字。雖然匯率的變動可以用 BP 曲線移動來表示，但是這又要求該國經濟滿足馬歇爾—勒納條件①。

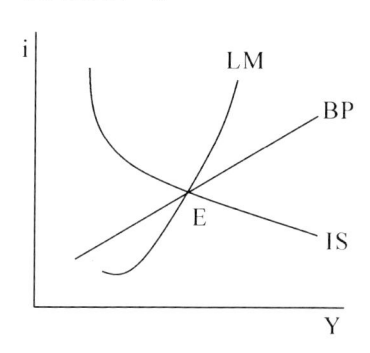

圖 2.1　開放宏觀經濟一般均衡模型

具體的一條 BP 曲線是在固定的匯率下得出的。IS—LM—BP 模型主要用來分析固定匯率制下開放經濟體的一般均衡調節問題。在三條曲線相交的 E 點，表示商品市場、貨幣市場和國際收支同時實現均衡，然而對於一國經濟目標來說，這個均衡點可能並不是最佳的選擇。當經濟受到某種衝擊的時候，國內貨幣政策和財政政策的搭配調節可以使經濟重新回復到內部均衡；同時由於假定匯率固定，在其他影響國際收支的外生變量不變的情況下，BP 曲線保持不變，IS 和 LM 曲線的移動到新的均衡點也處於 BP 曲線上，也實現了外部均衡。

現在我們考慮當一個國家短期資本流動受到控制——BP 曲線的斜率比較陡峭，並且出現了國際收支盈餘的時候②，面臨著

---

① 馬歇爾—勒納條件表明的是：只有當進出口需求彈性之和大於 1 時，本幣貶值才能改善一國的貿易逆差。
② 因為這種狀況與當前中國的實際情況相符。

怎樣的選擇。如圖 2.2 所示，假設國內經濟達到均衡，而均衡點 E_1 在 BP 曲線的左方，表示國際收支出現盈餘。這時為了達到國內經濟與國際收支同時均衡，就有兩條途徑可以選擇：第一，應該降低國內利率，使國內資本外流並阻止國際短期資本流入，LM 曲線向右移動均衡點變為 E_2。第二，在 BP 曲線斜率很陡峭的時候，利率的調整需要很大的空間才能達到這種效果。還有另外的一種方法，使 BP 曲線向左移動，也就是通過本幣升值來調節國際收支，不過這至少需要本國經濟滿足馬歇爾—勒納條件。

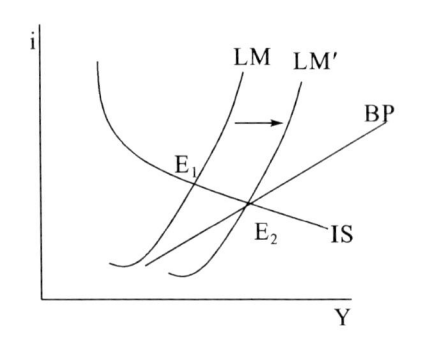

圖 2.2 IS—LM—BP 模型的均衡調節

以上的分析試圖僅僅通過本國國內政策的調節來達到內外均衡，其實是假定了其他國家的宏觀經濟政策和國際市場的各種外部條件不變。隨著全球化的推進，各國經濟之間的聯繫越來越緊密，各國之間經濟政策的聯動性越來越強，僅僅通過國內經濟政策的調節就實現內外均衡的難度加大。除此之外，IS—LM—BP 模型本身也是有局限的，它假定的前提主要有三個方面不符合實際：(1) 假定價格水準固定，沒有引入通貨膨脹因素；(2) 假定了靜態的預期，並將名義利率與實際利率等同；(3) 假定不同的資產（貨幣、債券與實物資本）的存量是既定的。雖然後來的經濟學者不斷地改造擴展該模型的形式，但是

這一模型的著眼點還是單個開放的經濟體，無法將國際經濟政策的聯動性直接包括進來。

2.2.2　蒙代爾—弗萊明模型的均衡調節與國際資本流動

該模型所要討論的是在浮動匯率制度下，有資本流動時的匯率決定與國際收支調節問題，其基本構架仍然是 IS—LM—BP 模型。該模型的假設條件有以下五個：

（1）價格，至少工資是保持不變；

（2）經常項目平衡取決於收入和相對價格；

（3）匯率自由浮動，調整沒有任何時滯；

（4）在儲備不變時，經常項目逆差等於資本的流入，或者相反；

（5）預期是靜態的。

從這五個假設出發，蒙代爾—弗萊明模型按照資本完全不流動、資本不完全流動以及資本完全流動的情況，分別對浮動匯率制下的財政政策與貨幣政策效應與國際收支調節過程作了比較靜態分析，並得出一些非常重要的結論。

該模型指出，在資本完全不流動的情況下，貨幣政策在影響與改變一國的收入方面是有效的；在資本不完全流動情況下，整個調整結構和政策效應與資本完全不流動時基本一樣；而在資本完全流動情況下，貨幣政策在固定匯率時在影響與改變一國的收入方面是完全無能為力的，但在浮動匯率下，則是有效的。擴張性的財政政策在資本完全流動的浮動匯率制下，對於一國收入方面的影響則無能為力。這些結論對於各開放經濟體通過國內宏觀經濟政策來調節國際收支提出了參考思路。

關於短期國際資本流入問題，以利率平價理論（Interest Rate Parity）為基礎的拓展模型（Mundell, 1962, Fleming, 1962）能夠在一定條件下做出很好的解釋：假定資本流動具有

不完全性，套利資本供給具有有限性，國內外利率差會引起有限的資本流動；同時，假設套利者是風險厭惡者，需要獲得一定的額外報酬才願意持有風險資產，即流入國內的資本量是本幣計價資產所提供的風險報酬的增函數，而資本流出量則是本幣計價資產所提供的風險報酬的減函數；最後，假定面臨重大的宏觀經濟政策變動時，市場預期匯率升（貶）值率給定，即匯率預期是靜態的。在這些假設前提下，可用利率平價方程式（1）代替一般的無拋補利率平價方程式，即有：

$$rd = rf + \Delta Ee + \rho \qquad (1)$$

其中，rd 表示國內利率，rf 表示國外利率，ΔEe 表示靜態的匯率預期，ρ 表示流入國內的套利資本所要求的風險報酬。在實行資本管制的國家，政策風險是套利資本面臨的主要風險，唯有在資本輸入國資產所提供的風險報酬足以彌補套利資本流入可能承擔的交易成本時，套利資本的流入才可能發生。本書在第五章將利用此模型分析短期國際資本流動。

2.3 國際政治經濟學的相關理論

全球化是一個多方參與博弈的動態演化過程，這其中各個主權國家的處於維護國別利益的需要，必然會在經濟互動中產生利益摩擦和衝突。另一方面，國際經濟關係所必需的制度因素也需要從政治經濟學的角度來分析問題。

國際政治經濟學是一門交叉邊緣學科，其定義、研究對象和研究範疇並沒有一個國際統一的規範性解釋，但有一點是共同的，即認為國際政治經濟學是政治學、經濟學和國際關係學的綜合，是研究國際政治關係與國際經濟關係之間相互作用的

交叉性學科。對於國際政治經濟學的發展歷程和流派的劃分有很多種方法，按照羅伯特·吉爾平的劃分方法可以分為：民族主義、自由主義和馬克思主義。本書並不對此進行詳細的討論，僅根據本書後續研究的需要，介紹主要流派關於全球化、國際經濟關係協調以及國際資本流動的觀點。

2.3.1 民族主義

民族主義也稱為現實主義，強調在與其他國家的競爭中單一的民族國家的經濟利益。民族主義最突出的代表人物是雅格布·瓦依納、羅伯特·吉爾平和斯蒂芬·克拉斯納。主要假設觀點是：[1]

（1）世界經濟是一種零和博弈，一國的獲得必然以他國的失去為前提；

（2）良好的貿易平衡是國家安全的前提，硬通貨是贏得國家地位和優勢的一種政治武器；

（3）雖然承認非國家行為體在國際活動中可以起到很大的作用，但是強調基本研究單位應該是民族國家，國家是一個一元的社會體系，能夠獨立地確立國家的利益，並執行國家的對外策略；

（4）理性國家假說，認為國家能夠理性選擇最大限度實現國家目標的政策方案。

羅伯特·吉爾平將「霸權穩定論」應用到國際經濟和國家安全領域。這一理論雖然不是專門討論國際經濟關係的，但是對於我們理解當前的國際貨幣體系和世界經濟格局具有一定的啟發意義。也有很多學者運用霸權穩定論來分析國際貨幣體系

---

[1] 嚴波. 論當代國際政治經濟學流派 [J]. 國外社會科學，2004（03）.

的形成與運行等問題。新「霸權穩定論」的主要觀點是[①]：第一，霸權可以帶來國際體系的穩定。「由一個霸權國主宰的霸權結構非常有益於強大的國際體系的發展，這個體系的運行規則比較明確，霸權國既能夠也願意建立和維持自由經濟秩序的規章和條例，自由國際體系因此能夠獲得充分的發展」。第二，霸權可以帶來公共權威（publicauthority），為國際社會提供公共商品。第三，霸權必衰。第四，霸權衰弱並非不可挽救。儘管羅伯特・吉爾平已經洞察了霸權消減的原因，預示了霸權的合法性由於單邊主義的存在而加速喪失的趨勢，但他仍然認為霸權衰弱可以挽救。

經濟民族主義的觀點，對於民族國家如何在參與國際經濟活動特別是全球化的過程中維護國家利益和國家安全，提供了一定的思路。可以看出，民族主義認為貿易失衡會威脅到國家的經濟安全，而使本幣成為國際市場上的硬通貨對於主權國家是有利的。這些觀點對於處於全球經濟失衡核心地位的中國來說，具有啟示意義。

2.3.2 自由主義

傳統的自由主義強調個人利益和經濟效益最大化，信奉自由貿易和自由市場，認為政府的作用是有限的。自由主義反對世界經濟是零和博弈的假設，認為市場經濟在全球範圍內能夠達到最優化的決定，實現多邊的共贏。這裡國家被低估了，市場被高估了。新自由主義接受了現實主義的一些合理內核，吸納了國際建構主義學派的某些成果。比如基歐漢則非常強調國際機制的作用，認為可以通過一些共同的安排，建立起關於國家行為的關鍵預期，可以改變相對的交易成本，使各國談判的

---

① 鮑宏禮. 經濟全球化時代的國際關係——論羅伯特・吉爾平的新「霸權穩定論」[J]. 蘭州學刊, 2005 (03).

追加成本更加低廉。國際機制使協商後的合作成為可能，建立在霸權基礎上的世界秩序因此得以穩定。

在經濟全球化浪潮中，新自由主義被西方大國從經濟思潮上升為了國家意識形態，從理論推向了實踐。在此指導下，西方國家紛紛放鬆金融管制，實行浮動匯率，開放資本項目，並督促不發達國家消減貿易壁壘。

但是現實的全球化實踐中出現的問題給新自由主義帶來了挑戰和批判：「從本質上來講，貿易自由化實際上是要南方國家單方面取消保護性機制而發達國家不這樣做；」① 資本帳戶的自由化使外匯和金融衍生品市場炒作盛行，並給世界經濟帶來嚴重的負面影響；發達國家與發展中國家的貧富差距拉大等等。而這些新的複雜問題的出現和治理並不能借助於自由市場就能奏效，特別是進入21世紀以來世界各地頻發的金融危機，都對新自由主義的理論政策提出了嚴峻挑戰。

2.3.3 馬克思經濟學的全球化與國際資本流動理論

雖然由於歷史的原因，馬克思和恩格斯未留下系統的全球化論著，但是他們的經濟思想已經涉及全球化以及在此過程中的國際分工和資本流動問題，並提供了寶貴的理論財富。《資本論》關於國際分工、對外貿易、世界市場、資本擴張等問題的精闢論述，無比深刻地指出了資本主義向全球發展的趨勢。

最初，馬克思把經濟全球化寓於「世界歷史」之中。馬克思從全球的視野闡發了「世界歷史」理論，指出世界歷史形成的根本原因在於生產力的發展以及與之相應的交往的普遍發展；世界歷史形成的直接原因在於國際貿易和世界市場的建立，不斷擴大產品銷路的需要驅使資本逐漸衝破了各個國家、民族原

---

① 卡斯特羅批判新自由主義與全球化 [EB/OL]．天涯網 http://www.tianya.cn/publicforum/content/worldlook/1/49385.shtml

有的疆界。① 恩格斯在其著作《共產主義原理》中指出:「單是大工業建立了世界市場這一點, 就把全球人民, 尤其是各文明國家的人民, 彼此緊密地聯繫起來, 致使每一國家的人民都受著另一個國家的事變的影響。」②

1848 年, 馬恩在其合著的《共產黨宣言》中又指出:「資產階級, 由於開拓了世界市場, 使一切國家的生產和消費都成為世界性的了……資產階級挖掉了工業腳下的民族基礎。古老的民族工業被消滅了, 並且每天都還在被消滅……新的工業的建立已經成為一切文明民族的生命攸關的問題, 這些工業所加工的, 已經不是本地的原料, 而是來自極其遙遠的地區的原料, 他們的產品不僅供本國消費, 而且同時共世界各地消費。過去那種地方的和民族的自給自足和閉關自守的狀態, 被各民族的各方面的互相往來和各方面的相互依賴所代替了。物質生產如此, 精神的生產也是如此。」③ 而且, 馬克思已經充分認識到了作為經濟全球化的推動主體:跨國公司的早期形式——卡特爾的性質與作用。

後來馬克思又指出,「資本輸出的目的有兩種, 一種是作為支付手段或購買手段的輸出, 另外一種是作為投資為目的的輸出。」④ 很顯然, 廣泛的國際貿易必然伴隨著國際貨幣作為支付手段和購買手段的流動, 具體來說, 國際貨幣會從貿易逆差國輸入到貿易順差國。資本的本質是逐利的, 不論哪一種目的的資本輸出, 其條件必須是存在投資的利差, 或者是真實投資的

---

① 李江. 經濟全球化:基於馬克思「世界歷史」理論的考量 [J]. 理論探討, 2009 (04): 95.
② 馬克思, 恩格斯. 馬克思恩格斯全集:第 4 卷 [M]. 北京:人民出版社, 1972: 368.
③ 馬克思, 恩格斯. 馬克思恩格斯全集:第 1 卷 [M]. 人民出版社, 1995: 267.
④ 馬克思. 資本論:第 3 卷 [M]. 北京:人民出版社, 1975: 653.

回報率或者是金融投資的利差。後發國家在進行經濟趕超的過程中，一般伴隨著勞動生產率的提高，其投資回報率也高於國際平均水準，那麼必然就伴隨著國際投資的大量輸入。另外一方面，發達國家控制的金融投資資本在全球配置其投資組合，也給發展中國家帶來了資本的輸入。而現代的市場經濟是以信用貨幣為依託的，資本的輸入就帶來了是貨幣流動性的輸入。

根據馬克思、恩格斯的全球化理論，全球化是在生產力、分工、交往發展的基礎上形成的，是一個客觀的、自然的、不以人的意志為轉移的歷史進程。馬克思指出：「各民族之間的相互聯繫取決於每一個民族的生產力、分工和內部交往的發展程度。這個原理是公認的。然而不僅一個民族的關係，而且這個民族本身的整個內部結構也取決於自己的生產以及內部和外部的交往的發展程度。」[1]

經濟全球化發展到今天，馬克思當年關於民族的、地域的歷史轉變為世界歷史的科學論斷已經成為活生生的現實。他們對全球化的描述和各種關鍵特徵的分析，至今仍然具有強大的說服力。馬克思、恩格斯不僅對全球化的現象和趨勢進行了分析，更重要的是，他們指出了全球化的根本動力和客觀必然性。這對於我們分析全球化過程中的具體經濟問題提供了方法論的指導。

2.3.4 依附理論與世界體系論——西方馬克思主義

依附理論與世界體系論也受到了馬克思主義經濟學的影響，有人稱之為西方馬克思主義。在20世紀60至70年代，依附理論得到了廣泛的發展。阿明強調資本主義對於「外圍」發展的一種制約與剝削性質，主張以一種激進的途徑來擺脫發展中

---

[1] 馬克思恩格斯選集：第1卷 [M]．北京：人民出版社，1995：68．

家的依附地位，因此被稱為激進主義依附論。巴西社會學家卡多索根據20世紀70年代以來東亞經濟發展的成就，將發展與依附聯繫起來，指出發展和依附是同時發生和並存的一個過程，而不是相互對立、相互排斥的。他進一步提出要利用資本主義世界經濟體系的聯繫為本國發展服務。顯然這是東亞模式以及新興工業化國家和地區發展實踐經驗在理論上的一種折射。

新依附理論也即正統的依附理論的代表主要是多斯桑托斯。他認為對當代不發達問題的研究，著重點應該放在生產領域，而不是流通領域。新依附理論認為附屬國與統治國的關係不易改變，附屬國由於受國際和國內依附結構的影響，會陷入更加不發達的境地。[1] 多斯桑托斯的觀點其實是對20世紀70至80年代拉美國家經濟發展的一種完整的反應。

20世紀70年代末以來，在依附理論的基礎上又衍生出世界體系論。伊曼紐爾對「世界體系」的概念作了明確的理論闡釋。他認為[2]：①世界體系是一個社會體系，有著不同的界限、結構體、群體、法律條例及相互依存性。這一機體包括相互矛盾的各種力量。它們有時通過張力在這一體系中凝成一體，有時卻由於彼此競爭而四分五裂。②這個資本主義世界經濟體系最重要的特徵之一就是由該體系的橫向分工和資本累積的運動形態所產生的一個不等價交換體系：核心地帶、半邊緣地帶和邊緣地帶。③世界體系不是靜止的。資本主義擴張或者停滯運動形態的結果，會使各國的位置發生改變。構成今日核心地帶的國家有可能衰弱，而邊緣地帶的國家也很可能成為半邊緣國家。

依附理論也經常被研究者用來分析現在的國際分工體系和

---

[1] 特奧托尼奧·多斯桑托斯. 帝國主義與依附 [M]. 北京：社會科學文獻出版社, 1999.
[2] 伊曼紐爾·沃勒斯坦. 現代世界體系——16世紀的資本主義農業與歐洲世界經濟體的起源 [M]. 尤來寅, 等, 譯. 北京：高等教育出版社, 1998.

國際貨幣體系。比如何帆、張明（2005）[1] 在分析牙買加體系時就認為這是一種「中心—外圍」構架。在這一構架下，國際貨幣體系有三大特徵：一是美國的經常項目持續逆差，資本項目持續順差，以及美國外債不斷累積；二是東亞地區的經常項目持續順差和外匯儲備的不斷累積；三是歐洲國家的經常項目持續逆差、資本項目持續順差，以及儲備資產基本不變。

2.4　本書的主要理論基礎——國際分工理論

　　本書的目的是分析在全球化的客觀歷史進程中，全球貿易和經濟關係的演變和國際流動性的創造、循環特徵，關注中國在參與全球化過程中的國際分工地位，以及由此導致的貿易結果和國際收支失衡；再結合當前的國際貨幣體系特徵，研究全球流動性過剩的產生並輸入中國的渠道。但是本書並不強調國家之間的利益分配問題，而更加注重經濟方面的客觀因素。因此，主要基於馬克思的國際分工思想，以此為主要的理論立足點進行論述。當然在以後的章節中，本書仍然需要運用以上介紹的理論來分析各種具體問題。

　　國際分工是指世界上各國之間的勞動分工。它是社會分工發展到一定階段的產物，是國民經濟內部的分工超越國家界限廣泛發展的結果。按照馬克思主義經濟學的基本觀點和方法，當代經濟全球化的發展從本質上講是國際分工深化的結果。[2] 在

---

[1]　何帆、張明. 國際貨幣體系不穩定中的美元霸權因素 [J]. 財經問題研究，2005（7）：32-37.

[2]　袁奇. 當代國際分工格局下中國產業發展戰略研究 [D]. 西南財經大學博士論文，2006.

生產的國際關係中，馬克思首先研究的是國際分工。因為：「如果沒有分工，不論這種分工是自然發生的或者是本身已經是歷史的結果，也就沒有交換。」這個原理不僅適合於一國國內，也適合於國與國之間。[1] 分工理論的淵源可以追溯到亞當·斯密。從亞當·斯密開始，經濟學家們一直在探究國際分工的內在動力以及分工利益的分配問題，試圖解釋並指導現實的經濟活動。從歷史上來看，國家之間的經濟往來首先表現為貿易，所以最初的國際分工理論主要研究的是國家之間發生專業分工生產和貿易的原因，以及這種貿易的結果；但是隨著經濟全球化的深入發展，國與國之間的經濟聯繫已經滲透到生產、貿易、投資等各個環節，絕不僅僅局限於國際貿易活動。因此，本節對國際分工問題進行理論上的梳理和評價，當然其中包括了國際貿易理論中內含的分工思想。

2.4.1 國際分工理論發展的三個階段

對於以貿易為主要形式的國際分工理論的發展階段，經濟學家們有不同的劃分方法。最常見的是按照經濟學發展的歷程，將亞當·斯密的絕對優勢說、李嘉圖的比較優勢說稱為古典貿易理論。新古典貿易理論包括了赫克謝爾—俄林的要素稟賦論，以及要素稟賦論的各種擴展，要素價格均等化、產品生命週期理論等。第三個階段的理論關注了規模經濟和不完全競爭等問題，以此為前提的各種理論被稱為新貿易理論。

2.4.1.1 古典國際分工理論——技術差異論

古典國際分工理論的核心內容是強調生產率和生產成本的差異，是國家之間產生分工和貿易的根本原因。各種理論流派的共同假設前提是：①完全競爭；②增加某種商品生產的機會

---

[1] 馬克思, 恩格斯. 馬克思恩格斯全集：第46卷 [M]. 北京：人民出版社, 1979: 46.

成本不變，即生產可能性邊界是一條直線；③一國的生產資料在本國範圍內得到充分利用；④生產要素在國家之間不能自由流動。古典國際分工理論主要包括：

（1）絕對優勢理論。亞當·斯密的絕對優勢說認為，勞動生產率的絕對差異導致各國之間生產優勢的不同，因此各國應專門生產本國勞動生產率較高的產品，這樣的分工和貿易能使參與雙方都獲得利益。斯密還提出了「分工受到市場範圍的限制」的觀點，為全球分工和貿易提供了最初的理論依據。[①] 絕對優勢理論的提出，為打破重商主義的貿易保護思想作出了貢獻，成為自由貿易理政策的理論基石。但是，絕對優勢說的缺陷也很快暴露出來：按照這種邏輯，那些在任何商品生產中都不具有絕對優勢的國家，仿佛就不能參加國際分工和貿易，而這與實踐是不相符的。

（2）比較優勢理論。李嘉圖擴展了亞當·斯密的理論，提出了比較優勢理論。根據「兩優擇其重，兩劣擇其輕」的原則，每個國家集中力量生產那些利益相對大或不利相對小的產品，然後與其他國家進行交換，這樣形成的國際分工對各國都是有利的。比較優勢理論的提出，大大提高了理論對現實的解釋和指導地位，一度成為自由貿易理論和各國參與國際分工的主要依據。直到今天，比較優勢理論仍然是發達國家推動全球貿易自由化，促使更多的發展中國家融入全球分工的理論依據。

（3）馬克思的國際分工理論基礎是國際價值理論，是馬克思勞動二重性學說在國際範圍內的應用。國際價值就是生產某種商品所消耗的世界勞動或國際社會的人類抽象勞動的凝結。馬克思認為，「國家不同，勞動的中等強度也就不同；有的國家高些，有的國家低些。於是各國的平均數形成一個階梯，它的計量

---

① 亞當·斯密. 國民財富的性質和原因的研究 [M]. 唐日松，等，譯. 北京：商務印書館，1972.

單位是世界勞動的平均單位。因此，強度較大的國民勞動比強度較小的國民勞動，會在同一時間內生產出更多的價值，而這又表現為更多的貨幣。」① 馬克思在這裡明確指出，商品的國際價值是由「世界勞動的平均單位」來決定的。他這裡所提到的「勞動強度」並不是指勞動的緊張程度，而是指勞動生產率水準。國際貿易中比較富有的國家總是在剝削比較貧窮的國家，「兩個國家可以根據利潤規律進行交換，兩國都獲利，但一國總是吃虧……一國可以不斷攫取另一國的一部分剩餘勞動而在交換中不付任何代價。」②

2.4.1.2 新古典國際分工理論

瑞典經濟學家赫克歇爾和俄林把比較成本理論發展成為要素稟賦論（簡稱 H—O 模型）。由於各種生產要素是不能完全替代的，所以生產不同的商品時必須使用不同的要素，因此不同商品生產中使用的要素比例是不同的。他們認為，各國在密集地使用本國數量多、價格便宜的要素的產品生產上，具有比較優勢，如果按照要素的豐裕程度來進行分工，就能使生產要素得到更有效的利用。要素稟賦論為各國之間的產業分工提供了理論依據。但是里昂剔夫之迷的提出卻是傳統的要素稟賦論所無法解釋的。因此，很多經濟學者發展了要素稟賦論。

林德（1966）的「代表性相似需求」理論認為：每個國家都存在一個代表性的需求水準，它表明一國的平均收入水準或者大多數人的收入水準。由於需求相近以及多樣化，工業製成品貿易在發展水準相近的國家之間更容易產生。

弗農（1966）試圖把比較優勢動態化，他提出了「產品生

---

① 馬克思、恩格斯. 馬克思恩格斯全集：第 23 卷 [M]. 北京：人民出版社，1972：614.

② 馬克思、恩格斯. 馬克思恩格斯全集：第 46 卷（下）[M]. 北京：人民出版社 1980：401.

命週期理論」。在產品的創新和成長階段，擁有豐富的研究和開發要素的國家或廠商，可以在一段時間裡佔有優勢並大量生產出口。但是新產品進入標準化階段以後，工資代替技術成為決定成本的主要因素，比較優勢從創新國轉移到了模仿國，此時模仿國會進行這種產品的大量生產。最後到產品的衰退階段，模仿國生產規模擴大，原來的創新國就成為進口國。

一個國家的要素禀賦也會發生變化，斯蒂格利茨提出了獲得性禀賦理論，認為在分工和經濟發展過程中，一個國家還可以不斷地獲得新的生產要素，從而改變原來的要素禀賦狀況。比如，通過有效和廣泛的教育可以把豐富的非熟練勞動要素改變成人力資本要素，使原來勞動密集型產品的比較優勢轉化成人力資本和技術密集型產品的比較優勢。

新古典國際分工理論前提假設的最大改變是：邊際成本遞增，即生產可能性邊界不是一條直線，而是外凸的。因此當一國具有比較優勢的產品生產增加時，由於邊際成本遞增，不可能達到完全的專業化。

2.4.1.3 新貿易理論中的分工思想和新興古典分工理論

瓊·羅賓遜和克魯格曼在不完全競爭和規模經濟的假設前提下，認為企業追求規模經濟和差異產品是國際分工和貿易產生的動力。也就是說，即使要素禀賦相同的國家，也能夠開展產業內貿易獲得利益。但是克魯格曼認為各國分工模式的確定取決於各種不確定因素，比如政府的產業政策、各種歷史或者偶然的因素等。由於這些不確定事件引起的產業先期建立和市場先期進入，可以使廠商贏得比較優勢，因此可以實施政府干預而改變改變分工模式。

以楊小凱、黃有光為代表的經濟學家發展了古典經濟學的分工思想，用「既是消費者又是生產者的個人」代替「純消費者和純生產者」。將國內分工與國際分工統一起來，允許比較優

勢在模型中內生。該理論認為：個人之間生產各種物品的生產率差異（外在優勢），遠不如由於分工和專業化而產生的生產率差異（內在優勢）來的重要。新興古典理論借用了斯密的「分工受到市場範圍的限制」的觀點，結合交易成本理論，重新解釋了絕對成本、比較優勢等核心概念，在一定程度上綜合出統一的國內和國際分工理論。但是，該理論在實踐中的應用方面仍有待突破。主要是因為其前提假設過於嚴格，並沒有給各國追求國別利益指出可以借鑒的政策路徑。

2.4.2 國際分工理論發展的邏輯和趨勢[①]

2.4.2.1 國際分工理論發展的邏輯

國際分工理論雖然紛繁複雜，但是其產生和發展都有特定的理論和實際背景，一方面借助於經濟學理論和研究方法的不斷創新，為研究國際分工問題提供了新的方法和視角；另一方面，國際分工理論的發展更是為了解釋現實並為各經濟體參與國際分工提供政策上的理論支持。其發展的內在邏輯可以概括如下：

（1）從生產者（供給）的角度到兼顧市場需求的限制，來分析分工方式的原因。比較優勢理論從生產成本的角度出發，可以解釋產業間垂直分工的動因。而第二次世界大戰以後國際水準貿易迅速發展對此提出了挑戰，因為比較優勢無法解釋的現實是：要素稟賦相似的發達國家之間，進行了大規模的產業內水準分工和貿易。因此，後來的學者開始考慮到市場需求的因素，來解釋水準分工的產生。

（2）假設前提逐漸改變，以求更加符合實際。主要體現在：①生產要素的範圍不斷擴大。斯密和李嘉圖只考慮了勞動生產

---

① 此部分內容是本人前期研究成果的延續，部分觀點發表在拙文《國際貿易理論發展的內在邏輯及方向》，《當代財經》2005（3）.

率的差異，因此只強調了勞動要素的作用。H—O 的要素禀賦論最初也只將勞動和資本兩種要素納入分析模型。後來的經濟學家則逐漸把人力資本、信息、研究與開發、制度等要素也納入到國際分工理論中。②從機會成本不變到機會成本遞增。如果機會成本不變，一個國家就應該不斷地增加具有比較優勢的商品的生產，這樣就會實現完全的專業化。但是現實世界中並沒有出現完全專業化的現象，新古典分工理論將機會成本遞增的假設引入分析，使之更符合實際。③從古典分工理論的完全競爭，不存在規模經濟（機會成本遞減）到新貿易理論的不完全競爭，存在規模經濟的假設。完全競爭條件下必然採用的是小國模型，即任何一個國家的出口需求是無限的，但這與現實有衝突。

（3）從國家層面的分工到企業層面的分工。隨著跨國公司的發展及其在全球市場上的地位增強，國際分工理論也從最初僅僅以國家為分析主體，發展到逐漸重視企業的主體作用。因此在國際分工理論研究中，已經形成了兩個體系：一是研究由市場機制予以組織和協調的國家分工理論，另一個是研究由企業予以組織和協調的企業內部分工理論。這兩種理論都是現實國際分工的反應，並最終結合成為當今的國際價值鏈分工的研究視角。

2.4.2.2 國際分工理論發展的趨勢

理論研究的發展趨勢應該是與現實相對應的，國際分工理論發展的趨勢可以概括為以下兩點：

（1）國際貿易與國際直接投資理論的融合——國際分工生產。國際貿易與國際投資同步增長，已經成為世界經濟發展的雙引擎。二者在國別和區域結構上也表現出明顯的一致性：發達國家貿易量占世界貿易總量的 65% 以上，以此相適應，發達國家吸收了世界 60%～80% 的國際直接投資。對於國際貿易與

國際直接投資理論的融合問題，學者們通常以比較優勢為出發點，認為進行貿易還是到東道國建立生產基地，是一個企業面臨的兩種選擇。鄧寧（J. H. Dunning, 1973）提出的國際生產折中理論影響比較大。該理論用一個簡單的公式表示：

所有權優勢＋區位優勢＋內部化優勢＝對外直接投資

如果三種優勢都具備，國際直接投資是最佳選擇；如果具有所有權優勢和內部化優勢，可以進行國際貿易；如果僅僅具有所有權優勢，那麼許可證貿易是最佳選擇。

毋庸置疑，在經濟全球化的背景下，企業會運用全球的資源，將價值鏈的各個部分安置在最佳的區位。因此，貿易與投資已經不是誰替代誰的問題，而是國際分工生產的兩種表現形式，國際貿易和國際直接投資理論也必然會統一在一個框架中。

（2）國際分工理論中，企業的地位將更加被關注。跨國公司企業內部的分工也可能跨越了國界，從而產生了國家分工和企業內部分工重合的現象。因此在研究國際分工問題時，企業的主體作用會越來越受到重視。當經濟全球化發展到一定的程度後，生產、交換活動更廣泛地在世界市場上進行，而單純以國家為主體來分析問題，會出現偏差，需要從企業的角度來補充。比如，一國的國家競爭力與企業競爭力可能出現分離，這種傾向在發達國家比較明顯：1994 年，日本基於國境的貿易收支為 1176 億美元的赤字，而基於企業的貿易收支為 5146 億美元的黑字。這說明國際分工已經不僅僅是國家之間基於要素稟賦差異而產生的活動，更是跨國公司在全球生產的行為。

2.4.3　確定一個國家在國際分工體系中地位的兩個維度

傳統的觀點認為各國的比較優勢最終會反應在其產業層面上，所以國際貿易的規模和行業結構成為判斷一國國際分工地位的經典指標。同時，國際資本流動的規模和國際投資結構也

是全球化背景下另一個重要指標。但是，僅僅以這兩個指標為依據還不能準確全面地確定一國的國際分工地位。

筆者認為，可以從垂直比較優勢和水準比較優勢①兩個維度來分析。

2.4.3.1 從垂直的比較優勢來看，國際分工體系是階梯式的

為了簡化分析，我們可以按照產業結構從低到高的梯度作一個大致的劃分，如下圖2.3：

資源密集型 → 勞動密集型 → 資本密集型 → 技術（人力資本）密集型

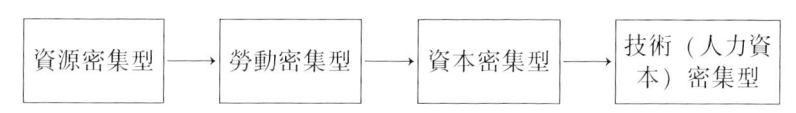

圖2.3　反應在產業結構上的垂直比較優勢分工階梯

處於國際分工最低層次的所謂「外圍國」，大多是生產力落後，依靠自然資源而參與國際分工的國家。他們出口商品結構單一，以初級資源型產品為主。而那些勞動力資源豐富的國家，則有可能在勞動密集型產業（比如紡織業）和簡單加工組裝生產環節具有比較優勢，因此其參與國際分工的方式可能是出口一般消費品為主，出口產品中的自有技術水準不高。這些國家大概屬於「半外圍」國。而以資本密集型產業為優勢的國家最可能是處於工業化的後半期，比如重化工業和汽車製造業。發達資本主義國家比如日本和西歐國家可以認為處於這一階梯，大致屬於半外圍並有可能上升為核心國的地位。而技術密集型產業為主要優勢的國家必然擁有領先的創新能力，能夠吸引世界各地的創新型人才。這類國家可能會在歷史上大的技術革命之中扮演領頭羊的角色。他們參與國際分工的方式一般是出口高新技術產品和服務。美國在第二次世界大戰以後的計算機信

---

① 這裡的垂直比較優勢是指產業之間的差異，水準比較優勢主要是指產業內水準分工的各個生產環節上的差異。

息技術革命中，正是發揮了創新發動機的作用，是公認的世界經濟核心國。

　　然而這種以產業結構為標準的劃分，是有局限性的。因為在當今全球生產主要由跨國公司來配置的背景下，一國的比較優勢其實並不一定完整地體現在某一產業中，也許只是體現在某一類生產環節上。對於這種新的現象，後面將詳細分析，但這並不影響我對國際分工階梯的分析思路。

2.4.3.2　水準維度的國際分工地位的確定

　　如果從垂直視角來看，國際分工表現在產業上的梯度與經濟發達程度基本對應，那麼在經濟發展水準相近的國家之間，在同一個產業內部廣泛存在的分工協作就可以看做是水準維度的。特別是第二次世界大戰以後跨國公司的發展和 FDI 的迅速增長，生產的專業化程度不斷提高，國際分工的水準化趨向日益明顯。不僅存在同一產業內不同商品種類的水準分工，而且產生了同一商品不同生產環節之間的分工，跨國公司也許把生產程序中需要較多勞動的環節放在工資水準低的國家進行，而將研發和行銷放在技術和人力資本豐富的國家。這樣來說，即使處於不同分工階梯的國家之間也存在著水準的分工。

　　多數現實當中的國家總是同時參與垂直和水準的分工，差別只在於參與的範圍和深度不同。總的來說，落後國家在國際分工體系中主要特徵是處於垂直分工的低階梯，參與水準分工的廣度和深度均不深。綜合垂直和水準兩個維度來分析，所謂的中心國家就是指在垂直分工中處於高階梯，同時廣泛、深入參與水準分工，在國際貿易中處於主導地位。實際上，從 19 世紀末以來，發達資本主義國家在國際經濟和貿易中一直居於支配地位，它們在世界出口總額中所占的比重一直占到 65% 以上。因此馬克思主義者所說的經濟全球化是資本主義國家為主導的這一觀點，在一定程度上被現實所證實。

3
全球流動性的創造和分配機理

沿著第二章中的分析思路，國際分工的演變形成了不同歷史階段的不同世界經濟格局。而分工的直接結果就是貿易，與國內貿易不同的是，國際貿易要涉及不同主權國家貨幣的兌換以及國際本位貨幣的提供問題。在全球經濟一體化特徵日益明顯的同時，區域貨幣歐元已經誕生，但是貨幣領域的情況還要複雜得多。一個不爭的事實是，各國的貨幣政策已經不僅僅是本國的內部問題，還要受到來自外部的衝擊和影響。本章的任務主要是分析在當今國際分工格局和國際貨幣體系的背景下，從宏觀和全球的視角來看，國際貨幣（美元）的供給、分配和流動機理。

本章第一節先分析當今國際分工的整體格局，重點分析美國、歐洲、日本和東亞地區在國際分工體系中的大致位置和特點，以及由此形成的國際經濟失衡，可以看作是實體經濟背景。第二節分析當今國際貨幣體系的特點及運行機制，作為研究全球流動性問題的貨幣制度背景。第三節重點分析當今國際貨幣的創造、分配和流動機理。第四節則針對當前的金融危機，運用本書的分析視角和方法，討論了美國產業結構虛擬化、經濟週期的運行模式以及全球化過程中美國的經濟地位，回答了為什麼本次金融危機會發端在美國並對世界經濟的影響如此之大。

3.1 全球流動性創造的實體經濟基礎
——當前的國際分工格局

國際分工的格局是一個非常複雜的體系，而且處於不斷的變化之中，很難對某個經濟體在國際分工中的位置進行精確的定位。以第二章中設計的垂直與水準兩個維度的方式，大體認

識某個經濟體或者區域經濟集團在國際分工中扮演的角色。

3.1.1 當前國際分工的新特點

3.1.1.1 垂直專業化[1]

它使國際分工深入到了產品的生產階段內部，某個國家的企業只在商品生產的特定階段進行專業化生產。以耐克運動鞋生產為例：其研發與產品設計主要集中在美國，鞋品元件的製造在臺灣和韓國，鞋品的組合則在臺灣、中國內地、泰國、馬來西亞和菲律賓等國家（地區）；最後的產品配送和行銷，主要以北美和西歐為主。這種模式是一家跨國公司通過全球化的戰略安排，把生產鏈的主要環節分別設置在各個不同的國家和地區，在跨國公司總部的遙控下，由分佈在不同國家的下屬分公司完成整個生產流程的特定階段。20世紀90年代以來，國際分工中的垂直專業化趨勢更加的突出。Humme，lsIshii 和 Yi（2001）[2] 運用投入產出表統計了經濟合作發展組織（OECD）國家和一些新興市場國家的國際垂直專業化水準，經測算得出，在過去的25年內，國際垂直專業化生產增長了40%，占世界產品出口的30%。

3.1.1.2 以跨國公司為主導的產品內分工取代了以國家為主體的產業間分工

20世紀50年代之後，國際分工主要表現為以跨國公司為載體的企業內分工，即由跨國公司為主導的全球生產網絡的產品內分工。跨國公司在世界經濟中的主體地位大大加強，逐漸成為國際分工和貿易的主角。2006年全球7.8萬家跨國公司和其78萬家海外子公司的增加值和出口，分別占全球GDP總值的

---

[1] 當中間產品被用於生產商品而出口時，就出現了垂直專業化。
[2] HUMMELS D, JUNISHII, KEI—MUYI. TheNatureandGrowthofVertical-SpecializationinWorldTrade [J]. Journal of InternationalEconomics, 2001 (54).

10%和出口額的1/3。目前，跨國公司已控制了全世界生產的40%，國際投資額的90%，國際技術貿易的60%，國際技術轉讓的80%，科研開發的90%是在跨國公司之間進行的。[1] 如果說第二次世界大戰以前，國際分工中占主導地位的是各國不同產業之間的分工。那麼在第二次世界大戰後，隨著科學技術的進步和社會分工的發展，部門內部的分工逐漸跨越國界，由此產生了不同國家之間工業部門內部的分工。在同一產業內部的國際分工出現了產品專業化、零部件專業化和工藝流程的專業化。

3.1.1.3 離岸外包成為當今國際分工中產業轉移的主要形式

企業通過將同一產品生產活動的某一工序或零部件分包給其他企業，使接包企業迅速在中間產品生產和服務環節擴大生產規模，形成若干有競爭力的新產業。越來越多的跨國公司把非核心的生產、行銷、物流、研發等活動，分包給成本更低的發展中國家的企業或專業化公司去完成，這樣不僅減少了固定投入成本，而且更加強化了企業的核心競爭力。跨國公司控制了產品價值鏈的高附加值環節，而把其他低增值部分的生產加工外包給較不發達國家的供應商。這樣一來，全球企業之間的分工協作與各國的比較優勢相結合，形成了錯綜複雜的立體的網絡化分工結構。一國比較優勢不僅體現在某些完整的產業之上，而是更多體現在價值鏈的某個環節之上。越來越多的發展中國家也加入了國際分工網絡。中國、印度、菲律賓、墨西哥、巴西等國已經逐步成為區域性或全球性服務外包中心，2003年印度就已經成為世界計算機和信息服務出口第二的國家。從世界範圍來看，發展中國家的服務貿易出口競爭力正在增強。

---

[1] 宋群.「十一五」時期統籌中國產業結構升級與國際產業轉移的建議 [J]. 經濟研究參考，2005（52）：15.

2000—2005年，亞洲、非洲、中南美洲服務貿易出口增速均高於進口增速，而歐洲、北美洲的出口增幅則低於或等於進口增幅。在全球外包支出中，美國占了約2/3，歐盟和日本占近1/3。發展中國家是主要的服務外包業務承接地，其中亞洲是承接外包業務最多的地區，約占全球外包業務的45%。目前，印度是亞洲的外包中心，墨西哥是北美的外包中心，東歐和愛爾蘭是歐洲的外包中心，中國、菲律賓、俄羅斯等國家也正在成為承接外包較多的國家。

3.1.2 當今世界主要國家在國際分工體系中的地位及其國際收支特點

國際分工體系經過不斷發展變化，到20世紀80年代逐步形成了這樣一種分工格局：發達國家主要生產高科技產品、中高檔資本密集型產品和某些檔次較高的勞動密集型產品；新興工業化國家和地區則除了繼續發展一些資本密集型產業外，也逐步開始生產一些技術密集型產品；而大部分發展中國家主要發展勞動密集型產品和某些資本密集型產品以及初級產品，大體上形成了「三重結構」的國際分工格局。[①] 另外，歐美日等發達國家的服務業占比超過70%，特別是美國與歐洲的金融市場發達，因此成為國際金融投資的中心和金融創新的領先者。

3.1.2.1 美國的分工地位及國際收支特點

（1）美國的比較優勢和產業特徵。美國走在了信息技術革命的前沿，成為信息產品的發明與生產大國。進入20世紀以來，美國的第三產業占GDP的比重一直高於70%並呈現不斷上升趨勢（見表3.1）。信息技術產品和服務以及金融服務成為美國在世界市場上具有比較優勢的領域。從技術貿易方面來看，

---

① 袁奇. 當代國際分工格局下中國產業發展戰略研究 [D]. 西南財經大學博士論文, 2006：29.

美國 1998 年的出口額就達到 362 億美元，成為最大的出口國，處於第二位的英國只有 161 億美元，不到美國的 1/2。[①] 服務貿易方面美國也是最大的出口國和進口國，2006 年美國服務貿易出口額 3870 億美元，進口 3070 億美元，服務貿易順差 80 億美元。美國擁有全球最多實力最強的跨國公司，儘管發生了金融危機，美國《財富》雜誌 2009 年評選出的世界 500 強大公司中，排名前 10 位的仍然有 4 家美國企業。可見當今的跨國公司由於在全球領域配置其資源並面向全球市場，並不必然受到總部所屬國經濟波動的太大衝擊。

表 3.1　　　　美國的 GDP 與產業結構變動

年份	1985	1990	1995	2000	2005
GDP(百萬美元)	4,187,500.05	5,757,200.24	7,342,300.07	9,764,800.04	12,455,070
第一產業比重(%)	2.41	2.06	1.61	1.23	1.2
第二產業比重(%)	30.86	27.85	26.29	24.15	22.3
第三產業比重(%)	66.72	70.09	72.1	74.61	76.5

數據來源：中經專網、中國統計年鑒。

可以說美國仍然處於國際分工金字塔的最高層，同時又是全球貿易第一大國，其龐大的需求和超前的消費模式成為世界經濟的核心。但是，進入 21 世紀以來，隨著信息技術產業進入成熟期的產業國際轉移，美國經濟增長乏力，產業的過度虛擬化終於帶來了席捲全球的金融危機和經濟衰退。美國占世界製造業市場的份額在 1987—2000 年間基本保持在 11%～12%，而 2000—2005 年驚人地從 12.1% 下降到 9%，達到戰後的最低水準，與此同時中國市場份額相應地增加了 3 個百分點。美國製

---

① 汪斌. 全球化浪潮中當代產業結構的國際化研究——以國際區域為新切入點 [M]. 北京：中國社會科學出版社，2004：159

造業無疑陷入了空前的困境之中。① 對於此問題筆者將在本章進行分析。

（2）美國的國際收支失衡。進入 20 世紀 90 年代，特別是 2002 年以來，美國的經常項目逆差急遽增加。美國 2006 年的經常項目逆差達到了 8570 億美元，2007 年和 2008 年分別為：7312.09 億美元和 7060.66 億美元。就 2006 年美國對外經常帳戶赤字結構表來看，美國基本上對主要國家都存在貿易赤字，貿易順差國主要是新興經濟體以及石油輸出國。世界經濟貿易存在嚴重的失衡。這其中的原因之一就是：美國是一個消費旺盛的經濟體，但是其產業結構卻是以服務業為主，製造業逐漸衰退，因此美國必須從世界各國進口消費品，從而形成貿易逆差。另一種解釋是因為美元的國際貨幣地位，世界各國對美元的儲備需求造成了美國經常項目逆差，以此來提供美元。蒙代爾還進一步指出，不僅世界其他國家對美元儲備有著持續的需求，而且對美元的盈利性資產同樣有著強大的需求。無論是對於美元儲備或美元資產的需求都會影響美國的國際收支。他認為：美國的經常項目逆差＝世界儲備的增長＋世界其他地區對美元的盈利性資產需求。此外，美國擁有發達的金融市場和金融創新人才，再加上美元的國際結算和儲備貨幣地位，使其可以低廉的成本從其他國家融資，從而維持其巨大的經常項目逆差。2006 年，外國對美國資產的淨購買達到 1142 億美元，扣除美國對外國證券的淨購買 2490 億美元，美國證券市場所吸收的資金淨流入為 8930 億美元，比美國當年的經常帳戶赤字 8570 億美元還要高。

從 1992 年到 2002 年，美國貨幣增發進入「快車道」，達到了 12%。從 2002 年開始，由於反恐戰爭和刺激瀕臨衰退的經濟

---

① ［美］羅伯特・布倫納. 高盛的利益就是美國的利益——當前金融危機的根源［J］. 政治經濟學評論，2010（2）.

的需要，美國貨幣增發速度達到了驚人的15%。[①]美國的高額貿易赤字導致的後果就是他國持有的美元外匯儲備持續增加。在2002年至2006年4年間，世界外匯儲備增加了2倍。而外匯儲備的增加使世界範圍內的美元流動性過剩成為可能。

3.1.2.2 歐洲的國際分工地位及歐元的國際貨幣角色

自從1999年歐元運行以來，歐盟作為一個區域經濟體，其整體實力以及在國際經濟中的地位日益增強。但是歐盟內部各成員國的經濟結構仍然存在很大的差別。此外，英鎊沒有加入歐元區，英國經濟和貨幣政策的相對獨立性也比較明顯。因此，本節將重點介紹歐洲經濟大國英國和德國的分工特點。總的來說，歐洲仍然擁有先進的科技和管理制度，可以說在國際分工體系中，英國和德國應該處於金字塔的第二層。

（1）英國是現代金融業的發源地，其金融業已經有著300多年的發展歷史。倫敦是和紐約並列的國際金融中心，而且在跨境貸款業務、外國產權交易業務和外匯交易業務方面，倫敦在國際金融市場中的份額和地位遠遠超過紐約。不像紐約和東京市場主要從事與美元和日元相關的交易，倫敦市場主要交易的是離岸貨幣和以離岸貨幣計價的金融產品，可以說它是真正意義上的「國際金融中心」。

在當今的國際分工中，金融業仍然是英國具有明顯比較優勢的產業。英國的金融服務貿易在近20年來一直是呈現順差的狀態，而且規模越來越大，金融服務貿易順差在英國服務貿易總順差中占90%以上。而且，經過金融服務貿易順差衝銷後，英國的貿易逆差可以縮小三分之一以上，如果把金融業稱作英

[①] 王少瑄. 從美國經常帳戶赤字分析金融危機的起因 [J]. 浙江金融，2009 (10)：17-18.

國貿易帳戶失衡的緩衝器，應該不為過。① 英國金融業的特點可以概括為：①金融機構的國際化程度高，海外資產的比重大；②美國和歐洲是英國金融機構海外擴張的主要目標市場；③英國金融機構的國內業務中對零售銀行業務普遍重視；④貸款是銀行的主要業務。據英國銀行家協會的計算，1980 年代初期，金融業產出的 GDP 占英國 GDP 總值的 5.6%，到 2006 年，這一比例達到了 6.8%。1997—2004 年期間，金融業增長速度是 5.2%，教育產業增速為 4.9%，酒店業增速 4.8%，製造業的增速僅為 1.6%。可見英國經濟呈現出後工業化的特徵，金融業是英國增長最快的產業部門，其增速是經濟增速的 2 倍多，金融和房地產成為拉動英國經濟增長的主要動力。

英國的出口主要去向是歐洲地區，占其出口總量的 60.9%，英國對美國的出口占比為 13.9%，經常項目基本為逆差狀態，2007 年經常項目逆差為 1192 億美元，資本和金融項目維持了順差，2008 年資本帳戶順差 63.35 億美元，金融帳戶順差 277.37 億美元。英鎊至今仍然是一種國際貨幣，在官方外匯儲備的幣種中，英鎊資產占 4% 左右。因此，英國的經常項目逆差也向世界輸出一部分流動性。另外，英國作為世界金融中心，為全球提供了大量的金融投資品，歐洲美元市場已經成為容納美元流動性的重要場所，同時也通過金融創新的槓桿效應放大了美元流動性的泛濫。

（2）德國在第二次世界大戰以後經濟迅速增長，一度成為世界製造業中心。但是與日本的消費品製造業不同的是，德國在當今的國際分工中主要從事資本品的生產，在高技術產品製造領域一直保持著領先的優勢。在進入 21 世紀以來，美國成為信息產品的發明與生產大國，而以德國為首的歐洲國家，部分

---

① 王曉雷. 金融業對英國經濟增長和貿易收支的貢獻 [J]. 國際商務—對外經濟貿易大學學報，2007（5）.

參與了國際信息產品的分工,但是它們中的大部分仍然在生產汽車經濟時代的製成品。帶動德國經濟增長的高技術產業領域主要有:生化工業、信息通訊業、航空航天工業等。生化工業與機械製造、汽車工業、電子工業一樣,是德國經濟的支柱產業。依靠最先進的技術和大量的研究費用投入,德國生化工業處於世界領先地位,歐洲前三大化工企業(不含純醫藥企業)都在德國。機械製造業是德國傳統優勢產業之一,產品出口額及國際市場份額均居全球首位,在其國民經濟中的地位舉足輕重。與汽車製造業和生化工業不同,德國的機械製造業的主力是中小型企業,它們平均擁有 150 名員工、年均營業額在 2600 萬歐元左右。2006 年,該行業實現銷售額 1670 億歐元,略低於汽車製造業。但是,其 6000 家企業聘用員工的總數達 87.3 萬,就公司數量和就業人數(均不包括供應商)而言,要遠高於汽車製造業。

德國之所以能夠在國際分工的這個層次上長期占據壟斷的地位,主要取決於以下幾個因素:①生產優質製成品所必需的合作文化;②得益於雄厚的研發投入形成的創新實力;③制度層面重視將高新技術轉化為生產力,高校與企業之間的合作取得了成功的經驗。因此,儘管德國在第二次世界大戰以後的一段時間裡所創造的經濟奇跡已經結束,但仍然保持著一定的經濟增長速度,這既與德國始終保持著資本品生產技術的壟斷有關,也與資本品相對於最終消費品具有較長的生命週期有關。[①]德國的實體經濟基礎非常強大,也有助於它在世界經濟週期衰退和危機中具備較強的抗跌能力。

德國的出口去向主要是歐洲地區,占其出口總額的 68.2%,對美國的出口占比只有 8.6%。德國由於其製造業發達,經常項

---

① 袁奇. 當代國際分工格局下中國產業發展戰略研究 [D]. 西南財經大學博士論文, 2006: 29.

目總體為順差，而資本和金融帳戶為逆差，這一點與東亞出口導向型經濟體類似。2007年德國的經常項目順差為2555億美元，其中貨物貿易順差為2787億美元，服務貿易則為逆差232億美元。

（3）歐元成為僅次於美元的國際貨幣。歐元作為一種區域貨幣誕生以來，逐漸成為重要的國際貨幣。2008年世界官方外匯儲備的幣種中歐元資產占到了26.4%，同期美元資產占64.2%。國際金融話語權的爭奪焦點之一就是「標價權」，因為只有擁有了資產或者商品的標價權，才能夠主導世界市場的價格，並且創造出對這種貨幣的國際需求。歐元產生已經在國際債券市場的計價權上超過了美元，歐元成為國際債券市場的主導貨幣；在新興的碳交易市場上，歐元也領先佔有了更多的標價權；此外，一些石油國家也曾經考慮用歐元計價石油代替美元計價。因此，歐元區尤其是德國、法國等主要國家的經濟政策和貨幣政策，也會直接影響世界貨幣的供給。

3.1.2.3　日本的國際分工地位與日元流動性泛濫

日本在當今的國際分工中主要從事資本要素密集、技術含量與附加值均比較高的最終消費品的生產，可以認為日本處於國際分工金字塔的第三層。

在第二次世界大戰結束以後的幾十年裡，日本依靠其合作的文化、有序的產業組織結構和高效率的企業管理，再加上積極的出口導向的貿易政策和技術引進政策，很快成為繼美國之後的新一代世界製造中心。20世紀50年代，日本以紡織業為主的勞動密集型輕工業迅速發展，之後成功實現產業結構升級，在汽車、家用電器和照相機等最終消費品生產領域中崛起，創造了歷史上罕見的日本奇跡。20世紀50至60年代，紡織品的出口在日本出口總額中占較大比重，而1970年開始，汽車進入前五大出口產品，並在1980年代成為日本出口量第一的產品。

日本的產業結構不斷升級為亞洲其他國家提供了產業轉移資源，從而在東亞地區形成了以日本為領頭雁的「雁型分工模式」。

然而，最終消費品生產是很容易受到產品生命週期影響的，日本和其他東亞國家類似，屬於生產型經濟而非消費型經濟，因此與其強大的生產能力對應的市場卻主要依賴美國。另一方面，雖然日本在亞洲生產體系中處於中心地位，但是亞洲生產體系所對應的卻是美元本位的國際貨幣體系。在日本經濟實力迅速壯大以後，日元的國際化步伐並沒有跟上。亞洲國家和日本以及日本同美國所發生的貿易，絕大部分採用美元結算。20世紀70至80年代，日本對美國的貿易順差急遽擴大，日本累積了大量的外匯儲備，導致日元被迫升值，從而引發了泡沫經濟以及泡沫破滅後日本經濟長達10年的衰退。一直在衰退泥潭中跋涉的日本由於其結構調整不能順利地推進，沒有取得信息技術革命的領先地位，但是日本在電子信息產品的製造方面仍然具有一定的優勢：在計算機產品、無線通信產品、消費電子產品和電子元器件的生產上，日本在世界上處於領先的地位。

日本的出口去向主要是亞洲地區和美國，對美國的出口占比為22.8%，對歐洲的出口占比為15.2%。日本的經常項目順差在2007年為2105億美元，2008年為1566億美元。日本的資本和金融帳戶均為逆差，2008年資本帳戶逆差54.68億美元，金融帳戶逆差為1726億美元。日本在泡沫經濟破滅後實行了長期的寬鬆貨幣政策，由於企業獲得資金的成本低，使得日元流動性膨脹。大量的日元流入國際金融市場，並在全球不斷轉移進行金融投資，加劇了全球流動性過剩和金融動盪。2011年中國開始進入加息通道，歐洲央行也在4月5日宣布加息25個基點，而日本央行2011年4月宣布繼續維持利率在0～0.1%，實行全面寬鬆計劃，這意味著日元的流動性泛濫仍將繼續。

3.1.2.4　東亞新興經濟體的國際分工地位成就了「貿易國家」

第二次世界大戰以後至今東亞經濟持續高速增長的紀錄是令人注目的，特別是在1965—1997年間東亞23個國家和地區的增長速度高於世界其他地區。1993年9月，世界銀行的報告《東亞奇跡：經濟增長與公共政策》明確提出了東亞奇跡，在國際上引起了較大的反響。這種成績的取得主要歸功於其中9個經濟實體近乎奇跡般的增長：日本、亞洲四小龍（韓國、新加坡、中國香港和臺灣）、亞洲四小虎（馬來西亞、泰國、印度尼西亞、菲律賓）。這些經濟體經過第二次世界大戰後半個世紀的發展，形成一種不同於西方資本主義經濟的發展模式。這種模式使東亞國家（地區）用短短的30～40年的時間就走完了歐美資本主義國家200～300年的工業化路程，創造了譽滿全球的「東亞奇跡」。

1997年亞洲金融危機以後，經濟學家小島清所發現的「雁型分工模式」已經不復存在，亞洲新興市場經濟體的經濟結構也越來越相似。從全球產業結構大系統中發達國家與發展中國家在國際分工體系中的地位變化來看，差距在繼續拉大，有可能出現兩極分化的趨向。這中間處在產業級差過渡階梯中的新興工業化國家和地區，在國際分工體系中處於不穩定的位置。一部分國家和地區抓住經濟全球化和新技術革命改變了產品的生命週期，可能抓緊吸收新技術和結構調整，從而向發達國家靠攏；另一部分國家可能滑向一般發展中國家。

總體上看，亞洲新興工業化國家和地區在參與國際分工的方式上具有一定的共性，主要表現在：①政府主導的市場經濟體制；②出口導向（外向型）發展戰略，許多國家的外貿依存度都超過了100%（參見表3.2）；③「生產型經濟」而非「消費型經濟」；④擁有豐富的勞動力或者人力資本。2008年東亞區

域內貿易中，中間產品貿易額為1157.66億美元，所占比例達到66.35%；最終產品貿易額為5026.36億美元，比重只為29.53%。東亞新型市場經濟體的最終產品出口主要依賴美國和歐洲市場，2008年東亞地區最終產品貿易的70.47%依賴於區域外市場，其中美國市場占24.1%、歐盟市場占23.41%，而東亞區域內最終產品貿易需求不大。這也造成了東亞各國成為「貿易國家」陷入了對美元體制依賴的困境。

表3.2 亞洲部分經濟體對外貿易依存度（進出口總額/本地生產總值）

單位:%

年度	中國內地	日本	韓國	中國香港	新加坡	泰國	馬來西亞	印度尼西亞	菲律賓	中國臺灣
2009	44.24			316.21						96.41
2008	57.29	31.46		349.16	361.74	129.42	182.86	51.59	65.49	119.58
2007	62.72	30.48	75.10	343.89	348.67	125.54	178.86	48.61	75.29	115.53
2006	64.80	28.07	71.47	343.01	373.72	119.57	186.93	50.33	86.31	110.58
2005	63.57	24.43	68.95	331.23	359.88	136.75	186.30	56.62	91.89	101.83
2003	56.91	22.07	73.51	339.44		124.34	205.87	53.67	103.03	86.92
2000	44.24	20.18	78.49	287.41	339.63	124.92	228.88	71.44	108.9	
1995	43.94	16.8	58.75	294.65	340.54	90.43	192.11	53.96	80.54	
1990	34.83	19.89	56.98	255.88	361.18	75.78	146.96	49.06	60.8	
1985	24.13	25.13	63.35	206.69	338.00	49.16	103.17	42.65	45.91	

資料來源：根據中經網數據中心數據整理、中國統計年鑒各年、國際統計年鑒

中國香港地區在20世紀50年代以前以轉口貿易為主，此後走向了工業化的道路。1970年，製造業占本地生產總值的比重上升到31%，達到歷史性的高峰。中國香港的電子、玩具、塑膠等行業在國際上具有一定的競爭力。20世紀80年代中期開始，製造業在中國香港經濟中的地位迅速下降，服務業在經濟中的地位上升，其中貿易和金融這兩個行業的地位最高。中國

香港迅速崛起為亞太地區的國際金融中心，20世紀90年代以後，金融和地產成為中國香港的支柱產業。

新加坡在1959年獨立後，產業結構經歷了四次轉型，經歷了從「進口替代」到「出口導向」方式的轉變。產業結構也從勞動密集型到資本密集型升級到技術密集型。新加坡政府將製造業和服務業視為經濟增長的雙引擎，金融業成為新加坡僅次於製造業的第二大部門。新加坡成為亞太地區的國際商業與服務中心。

韓國在20世紀60年代開始積極參與國際分工，實行了出口導向的外向型經濟，使得經濟快速發展。20世紀70年代，韓國政府將經濟開發戰略由「出口主導型」發展為「重化工業化」，產業重心轉到資本和技術密集型的重化工業。大力發展鋼鐵、非鐵金屬、機械、造船、汽車、電子、石化、水泥和陶瓷等十大產業。20世紀80年代以後，韓國產業高級化的而特徵明顯，高科技和知識密集型產業快速發展。目前韓國在汽車、電子產品和半導體等領域都有比較強的實力和大型的跨國公司。

臺灣地區自1950年代以來，也經歷了從進口替代到出口導向的轉變過程。20世紀60至70年代，臺灣當局開始實施外向型的發展戰略，利用發達國家成熟產業和勞動密集型產業轉移的機遇，加入國際分工體系。到1970年，臺灣地區的工業比重占36%，其中製造業比重為28.5%，已經初步實現了工業化。20世紀80至90年代，臺灣的產業機構在製造業內部也出現了一個升級的過程：技術密集型工業不斷上升而勞動密集型產業不斷下降。據統計，在1986—1999年的14年間，高科技產品的出口金額已經由1986年的1098.6億美元增加到1999年的6390.5億美元，平均年遞增14.5%，占臺灣出口的比例也由27.6%上升到52.5%。近年來，臺灣的咨訊電子產業迅速發展，年產值居全球第3位，僅次於美國和日本，且有超過十項的咨

訊產品在國際市場上佔有率第一。①

再看「亞洲四小虎」——印度尼西亞、馬來西亞、菲律賓、泰國等的經濟情況，目前這四國的產業結構是處於 Porter 所提出的國家發展階段的第一階段即生產因素導向階段，其產業結構處於轉型階段，農業在經濟中仍佔有一定的比重。不過馬來西亞的電子信息產品生產在 2005 年已經居於全球第五位，其中消費電子產品生產占全球的 8.8%，這與它低廉的勞動力成本有關。

中國內地在改革開放以來，快速融入國際分工和全球生產體系，近年來更是成為世界經濟增長的主要貢獻力量。2010 年底，中國 GDP 總量已經躍居世界第二位，國際貿易總額也居世界第三。中國充分發揮豐富的勞動力比較優勢，已經成為世界製造業的中心，儘管理論界對於中國「世界工廠」還是「世界加工廠」的爭論一直沒有停止過。進入 21 世紀以來，中國積極承接信息技術產業的國際轉移，成為高技術產品和某些資本和技術密集型產品加工組裝的重要基地。從 2005 年開始，中國的貿易順差迅速擴大，2008 年中國的貿易順差為 2981.3 億美元，同時也累積了大規模的外匯儲備，從而成為當今擁有外匯儲備規模最大的國家。關於中國的產業結構和參與國際分工的方式，將在第五章進行詳細的分析。

3.1.3　當前國際分工格局下的全球經濟失衡

總體而言，全球化使得世界經濟已經形成了三個主要的板塊：以美國、英國、西班牙等為主的金融和消費板塊；以德國、日本、韓國、中國等為主的製造業和出口板塊；其他資源和農

---

① 陳曉東，繆旭輝. 臺灣產業結構升級的成效、問題及趨勢 [EB/OL]. 國研網，2002-02-06.

業國家板塊。① 國際貿易的增長速度超過了世界經濟的增速。相應地，以消費和金融為主的國家必然需要進口大量的消費品而輸出金融服務；而以製造和出口為主的國家也必然會因為出口消費品產生貿易順差，因此，貿易不平衡成為全球化發展過程中必然的現象。

從以上的分析我們已經可以看出，全球化幾乎將所有的經濟體都納入了國際分工體系當中來，而當前的這種國際分工格局是國際產業轉移的結果。美國製造業衰落而金融等服務業繁榮，美國主要進口消費品並出口高技術產品和服務，並通過巨大的經常帳戶逆差向世界市場輸出美元。歐洲掌握著少數技術密集和資本密集型產品的競爭優勢，將製造業特別是產品的製造環節轉移到亞洲等勞動力廉價的國家。日本、韓國、臺灣等經濟體在區域分工中主要生產半成品然後出口到中國利用中國的廉價勞動力進行加工組裝。

與美國的經常項目逆差對應，亞洲新興經濟體、日本、中國和石油輸出國通過製成品和資源的出口形成了經常帳戶順差，從而形成了全球貿易不平衡的狀況，又被稱為全球經濟失衡（global imbalance）。全球經濟失衡是指這樣一種現象：一國（美國）擁有大量貿易赤字，而與該國貿易赤字相對應的貿易盈餘則集中在其他一些國家。2005年2月23日，國際貨幣基金組織總裁拉托在題為「糾正全球經濟失衡，避免相互指責」的演講中正式使用了這一名詞。並指出當前全球經濟失衡的主要表現是：美國經常帳戶赤字龐大、債務增長迅速，而日本、中國和亞洲其他主要新興市場國家對美國持有大量貿易盈餘。從2000年到2008年，美國貿易逆差中來自亞洲的比重一直保持在55%左右，而其中來自中國內地的比重則從20%提高到33%，

---

① 李稻葵，尹興中. 國際貨幣體系新架構：後危機時代的研究［J］. 金融研究，2010（2）.

其中的原因是東亞其他國家對歐美的貿易順差「轉移」到中國。中國已經成為跨國公司在全球市場上最重要的「生產基地」，外商投資企業通過加工貿易給中國「製造」和「轉來」了大量的貿易順差。中國對歐美市場保有大量貿易順差，而對亞洲周邊國家則保持了大量的貿易逆差，2009年中國對美國和歐盟的貿易順差分別為1443.6億美元和1084.6億美元，其中加工貿易項下的順差分別占到81.5%和91.2%。同期中國對日本和韓國的貿易逆差分別為330.5億美元和488.7億美元。這就明確反應了當前國際分工格局和產業轉移的特點。

在全球經濟失衡的狀況下，美國通過經常項目逆差向順差國輸入了大量的美元流動性，這些貿易盈餘大多轉化成順差國的外匯儲備，而外匯儲備的增加又會帶來兩種效應：一是在各國國內政策的作用下，外匯儲備引起該國國內貨幣供給量的被動增長，比如中國的外匯儲備通過外匯占款的形式增加了貨幣供給，其實就是輸入的美元流動性轉化成該國的國內流動性。二是官方外匯儲備通過購買美國國債和證券的投資形式使美元回流到美國。美國資本和金融項目的順差可以部分地彌補其經常項目逆差，但是回流美元對應的國債卻相應地增長。歐盟也與東亞地區產生了貿易逆差，不過歐盟對美國又保持著順差，因此，這種不平衡從總體上看也被轉移到了美國與東亞地區之間。

全球經濟失衡的原因除了國際分工格局之外，還要考慮當前的國際貨幣體系的特點。

3.2 全球流動性創造的制度背景
——國際貨幣體系

國際間的一切與貨幣資金有關的活動,都是在一定的國際貨幣體系下進行的,因此在我們試圖分析國際貨幣運動的某些規律之前,必須清楚所處的國際貨幣體系的本質特點。國際貨幣體系主要包括國際貨幣制度、國際貨幣金融機構以及由歷史和習慣沿革而來的約定俗成的國際貨幣秩序的總和。在國際貨幣體系中處於核心地位的就是國際貨幣制度。其內容主要包括:①國際本位貨幣的確立;②國際儲備資產的確定;③國際匯率制度及各國匯率的安排;④國際收支的調節方式。

按照國際本位貨幣的不同,從資本主義制度確立以來,國際貨幣體系經歷了金本位制、布雷頓森林體系和當今的牙買加體系三個階段。本節在簡要評述金本位制和布雷頓森林體系的基礎上,重點分析牙買加體系的特點。

3.2.1 金本位制及其根本缺陷

英國早在1816年就實行了金本位制,到19世紀後半期,金本位制發展成為世界流行的貨幣制度。典型的金本位制具有三個主要特點:金幣自由鑄造、自由兌換、自由輸出輸入。金本位制的國際本位貨幣和各國的儲備貨幣是黃金;各國貨幣之間的匯率由其含金量決定,因此匯率具有很強的穩定性,其偏離鑄幣平價的範圍限制在黃金輸送點之內;典型的金幣本位制還有一個優點就是國際收支可以實現自動的調節;一國的國際收支不平衡會影響到黃金儲備和貨幣供應量,再由貨幣數量的變

化影響到國內物價，最終影響進出口變動，從而實現國際收支的自動平衡。① 金本位制促進了自由資本主義的發展，也正是出於這些優點，至今仍然有一些經濟學家在批評當前的國際貨幣體系時，萌發出恢復金本位的想法。

但是，金本位制的固有的缺陷使其越來越不適應世界經濟發展的需要，金本位制退出歷史舞臺是經濟發展的必然選擇。最根本的原因就在於：黃金增量的「有限性」的預期和世界經濟發展所需貨幣的「無限性」之間的矛盾。受制於黃金供給量的有限性，金本位制下的貨幣供給必然收斂於一個極限，而世界經濟未來的發展空間及其對應的貨幣需求則可能沒有極限。雖然金本位和黃金之間並不完全對等，就像一些人所言：「哪怕只有一盎司黃金，金本位也能夠運轉」，但是問題的關鍵在於，制約金本位正常運轉的，不是存量數字大小，而是人們對於黃金增量有限性的預期。在所有理性預期者看來，這種矛盾不可調和，金本位貨幣體系並不能帶來安全感，市場主體往往會擠兌黃金，使得金本位難以維持。

3.2.2 布雷頓森林體系（美元—黃金本位）

第二次世界大戰使主要國家的政治、經濟格局發生了明顯的變化。美國取代英國成為世界經濟的霸主。順應此形勢而建立的布雷頓森林體系主要內容有：①建立了永久性的重要的國際金融機構——國際貨幣基金組織和國際復興開發銀行。②規定以美元作為主要國際儲備貨幣，實行美元—黃金本位制。美元直接與黃金掛鉤，各國政府或中央銀行可以隨時用美元向美國按比價 1 盎司：35 美元兌換黃金。其他國家的貨幣與美元掛鉤，規定與美元的比價，實行固定匯率制，各國政府有義務將

---

① 國際收支自動調節的前提條件是各國都普遍遵守三個原則：本幣發行要有一定的黃金儲備、維持法定貨幣的含金量穩定、黃金自由輸出入。

本國貨幣與美元的比價限制在一個規定的很小的範圍內。③國際收支的調節通過兩條途徑：一是 IMF 設立普通貸款帳戶，向國際收支發生暫時困難的會員國提供貸款；二是當國際收支發生不平衡時，可以通過匯率的調整予以調節。

布雷頓森林體系對戰後世界貿易和經濟的發展起了極大的促進作用。首先，固定匯率制為國際貿易與投資活動的開展提供了有利條件。其次，美元作為國際本位貨幣等同於黃金的地位，彌補了國際清償力的不足。最後，國際貨幣基金組織要求會員國取消或放寬外貿和外匯管制，這在一定程度上為戰後國際貿易與投資的發展消除了部分障礙。

但是布雷頓森林體系最終無法解決「特里芬難題」，在世界經濟格局發生變化即歐洲和日本的迅速發展，美國的優勢下降後，該體系在幾次美元危機的衝擊下最終崩潰。事實上，只要是一國的國別貨幣充當國際本位幣的職能，都或多或少地面臨特里芬難題——維持幣值穩定與滿足國際清償力的矛盾。在布雷頓森林體系下，一方面要保持美元幣值穩定，維持美元與黃金的有限兌換，就要求美國保持國際收支順差，以增強美元的兌換能力；另一方面美元要滿足世界經濟貿易增長對國際清償力的需要，就要求美國保持國際收支逆差，以滿足世界各國對美元儲備的需要，以及國際貿易及其他支付的需要。為此，美國只能通過外債的形式提供美元。然而美國長期的國際收支逆差會使美元幣值不穩，其國際信用會發生動搖。在布雷頓森林體系中，美元和黃金掛勾，在一定意義上是雙本位，必然還會面臨劣幣驅逐良幣的現象。當美元的擴大發行導致不能兌現黃金時，使人們對美元的信心發生動搖，就會拼命地追逐黃金，國際貨幣體系的危機就爆發了。

3.2.3　牙買加體系（美元本位）

1976 年 1 月國際貨幣基金組織（IMF）的國際貨幣制度臨

时委员会达成《牙买加协议》，国际货币体系进入了一个新阶段。各国可以自由选择汇率制度安排，实行浮动汇率制度的国家越来越多；黄金非货币化，国际储备货币也开始多元化。虽然美元的国际地位下降，但是美元的中心和支配地位并未动摇，它仍然是国际贸易和金融交易的主要媒介、主要的国际储备货币。储备货币是国际本位货币功能的集中体现，一种货币在国际计价和交易中使用越多，其在储备货币中的占比就越大，所以，人们习惯于用主要储备货币来命名国际货币体系。从1973年布雷顿体系崩溃以来，美元在国际储备货币中占有大部分比重（见表3.3），即使1999年欧元开始流通，美元在国际储备货币中所占的比重并没有显著下降，因此，许多学者认为牙买加体系的本质是美元本位。

表3.3　　　　　国际储备货币中美元所占的比例　　　　　（%）

1973年	1987年	1995年	1996年	1997年	1998年	1999年	2000年
84.5	66	59	62.1	65.2	69.3	71	71.1
2001年	2002年	2003年	2004年	2005年	2006年	2007年	2008年
71.5	67	65.9	65.9	66.8	65.3	63.8	64.2

数据来源：根据 imf. org/external/np/sta/cofer/eng/cofer. pdf 整理

关于美元本位制的特点，可以总结为以下几点：

①国际本位货币由信用货币来承担。美元与黄金没有联系，它同时具有主权国家货币和国际货币的双重身分。②国际储备资产的供给方式不同。金本位制下黄金的供给取决于其产量，没有人能够凭空制造。布雷顿体系下美元的供给受制于黄金，世界储备资产总量供给受制于美国的黄金储备。而美元本位制下，美元的国际供给与国内供给混在一起，统一由美国的货币政策和贸易状况决定。如果美国采取扩张的货币政策和贸易赤字政策，美元的国际供给就会不断扩大，从而全球储备资产就

不斷增加。① ③浮動匯率成為國際匯率制度的基本特徵。主要工業化國家幾乎都採用浮動匯率制，匯率波動頻繁而劇烈，加劇了國際金融市場的動盪不安。中心貨幣匯率變動發揮著主導作用，美元匯率大幅波動必將導致國際匯率體系紊亂。④國際收支失衡成為常態。由於沒有了黃金的調節和約束。美國經濟的失衡越來越嚴重，美國通過經常項目逆差向世界輸出大量的美元，另一方面，通過其他國家對美國金融資產的購買使美元回流到美國。雖然從理論上說，可以通過匯率的自由波動來校正國際收支失衡，但是實際上卻做不到，因為絕大多數國家在試圖利用匯率這一槓桿來緩解其外部失衡時遇到明顯的數量約束，即受制於作為主導的美國的影響。在當今的全球分工格局下，亞洲等外向型經濟體與美國之間的經常項目失衡有其必然性，僅靠匯率調節很難奏效。⑤國際貨幣事務的協調機制鬆散。在金本位制下由於存在自動協調機制不需要各國的磋商。布雷頓森林體系下，IMF 對其成員國履行各自義務有較強的約束力，美國承擔著穩定匯率的義務。但是在牙買加體系下，美國擺脫了國際約束，不再承擔穩定匯率的義務。美國可以根據自己國內經濟的需要而通過利率、匯率、貨幣供應等進行調控，不顧這種調控對世界經濟帶來的重大影響。因此，有人認為目前的國際金融協調機制是美元霸權。

3.2.4　國際貨幣體系演進的邏輯

　　國際貨幣體系形式的演進應該說屬於誘致性制度變遷。在一種國際貨幣體系建立的初期，它可以適應當時的國際貿易和投資對於流動性和國際清償力的需要，從而促進了世界經濟的發展。隨著國際經濟中出現了一些新特點之後，特別是主要大

---

① 張純威. 美元本位、美元環流與美元陷阱 [J]. 國際金融研究，2008 (6)：4-13.

國之間的相對經濟實力發生了變化之後，原有的國際貨幣體系就逐漸變得不再具有可持續性，或者說變得系統不相容了，此時舊體系就會被新體系所取代。

在典型金本位制的後期，由於世界經濟格局和各國經濟實力的變化，美國累積了大部分的黃金儲備而取代英國的地位。當60%的黃金儲備集中到美國的時候，其他國家的金本位制就很難維持，黃金供給的增長速度遠遠落後於各國經濟和貿易增長速度。因此典型的金本位制崩潰，取而代之的是美元—黃金本位制的布雷頓森林體系。[1] 到了20世紀70年代，由於西歐和日本經濟的崛起，美國的相對地位有所下降。美國的國際收支逆差越來越大，美元貶值的壓力也越來越大，美國的黃金儲備無法滿足美元與黃金的掛勾。因此發生了美元危機，布雷頓體系無法維持。從表3.3也可以看出，在1970年代到2000年之間，美元的國際儲備占比下降，反應美國的國際經濟地位相對下降。但是到了21世紀，美國抓住了信息技術革命的先機，實現了經濟的快速發展。而日本則陷入泡沫經濟破滅後長達十多年的衰退，歐洲也在信息技術的創新中落後於美國，因此，美元的國際儲備地位有所上升。但是，美元本位制內在的缺陷無法克服——以國別的信用貨幣來充當國際本位貨幣，就難免出現國際經濟失衡和全球流動性泛濫的問題，泡沫經濟和金融危機不斷地在中心國家與外圍國家之間發生。

因此，在經濟全球化和世界經濟格局不斷變化的過程中，可以預測國際本位貨幣多元化的趨勢。超國家的區域貨幣也將不斷出現，當全球化達到某種程度時，全球統一的超主權貨幣也將會應運而生。

---

[1] 布雷頓森林體系實質上是一種金匯兌本位制。

3.3 國際貨幣的提供、膨脹和流動機制

要在全球視角下理解流動性過剩問題,有必要弄清楚當今國際分工格局和牙買加體系下,國際貨幣(主要是美元)的供給、膨脹並在世界各國之間流動的機制。

3.3.1 當前國際貨幣的主要構成

當貨幣的基本功能超越了國界,也即當某一貨幣在國際間充當價值尺度、流通手段、交易媒介和價值儲藏手段職能的時候,它就成為了世界貨幣。當今牙買加體系下多種貨幣都在不同程度地承擔著世界貨幣的角色,當然美元是最核心的國際本位貨幣。美元、歐元、日元、英鎊等幾種貨幣都在國際儲備中佔有一定的比重,這幾種貨幣也在國際貿易的計價和結算中發揮著重要的作用。由圖3.1可以看出,在2008年各國官方外匯儲備構成中,美元仍然占了絕對的地位,在國際貿易的計價和結算中,大約有2/3的世界進出口貿易用美元來結算。歐元在國際儲備中已經占到了26.4%的比例,日元占3.12%,英鎊占4.05%,國際貨幣多元化的趨勢可謂初露端倪。

因此,當前的國際貨幣主要是由少數幾個發達國家的貨幣來充當,全球貨幣流動性的供給也由美國、歐盟、英國和日本等幾個國家的中央銀行根據自身的經濟情況來決定。這些國家的國內貨幣政策直接影響著國際貨幣的供給,也對全球流動性和經濟運行有著關鍵的影響。

3.3.2 全球貨幣流動性的提供、膨脹過程

美元和歐元是主要的國際貨幣,毫無疑問,全球流動性創

造和膨脹的根源是美元、歐元的輸出。一國貨幣作為世界貨幣的一個優勢就是，可以直接在世界市場上購買其他國家的商品和勞務，並且以這種貨幣標價的金融債券也可以在更廣闊的市場上進行交易。從理論上來說，國際貨幣的對外供給有貿易和金融兩條渠道。金融渠道的國際貨幣投放，主要依靠對外投資，包括直接投資、證券投資和國際信貸以及對外援助等；貿易渠道的國際貨幣投放則主要是通過購買外國的商品和勞務，表現為國際收支帳戶的持續逆差。

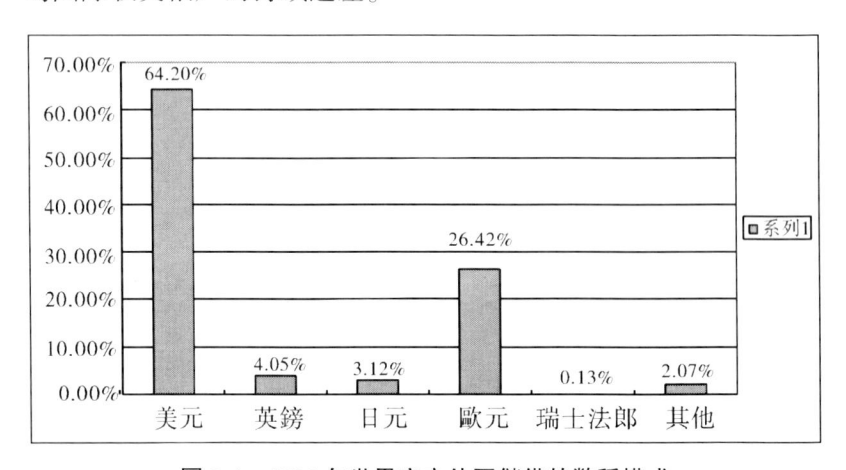

圖 3.1 2008 年世界官方外匯儲備的幣種構成
數據來源：國際貨幣基金組織網站。

如果說在布雷頓森林體系時期，美國主要是靠金融渠道投放美元，再通過對外出口收回美元的話，[1] 現在美國和歐洲國家則是主要通過貿易渠道對外提供美元、歐元與英鎊。從 1982 年開始，美國出現了持續的經常項目逆差，而且逆差的規模迅速擴大，從 1982 年的 55 億美元到 2006 年的 8115 億美元的規模，

---

[1] 實際上，20 世紀 70 年代前美國經常項目順差，對外淨資產持續擴大，通過金融渠道輸出美元。見張純威．美元本位、美元環流與美元陷阱 [J]．國際金融研究，2008 (6)：6．

國際金融危機之後，在國際貿易受到明顯衝擊的條件下，2009年美國經常項目逆差也達到 3784 億美元。美國用美元購買其他國家的商品和資源（比如石油），輸出美元到這些國家之後成為各國的外匯儲備，而各國又用外匯儲備來購買美國的債券和其他資產。因此在美國經常項目巨額逆差的同時還伴隨著其金融項目長期持續的順差。同樣的，歐洲主要國家的經常項目也是持續的逆差、資本項目順差，其儲備資產基本不變。

黃金非貨幣化以後，世界貨幣的提供不再受到任何硬約束，取而代之的是各類國際債券為國際貨幣提供流動性的支持。1966 年全球未償付的國際債券僅為 0.86 億美元，但此後持續增長，到 2007 年第二季度末，全球未償付的國際債券總量超過了 20 萬億美元。歐元誕生後在國際債券市場上打破了美元「一元獨大」的狀況，2003 年年底未償付的歐元計價債券已經超過美元，歐元儼然成為國際債券市場的主導貨幣。[1] 國際債券規模的劇增也是全球流動性膨脹的一個表現。

美元和歐元流出境外，相當於對世界經濟提供了高能貨幣。泛濫的國際貨幣充斥在國際金融市場和各國經濟體系之中，經過複雜的變換而派生出更多的流動性。比如在發達的金融市場上，充足的流動性造成了信用的過度擴張和資產價格泡沫，而由此帶來的財富效應和貨幣幻覺會促使經濟出現短暫的虛假繁榮，從而引導各國貨幣當局投放更多的貨幣。新興市場經濟體依靠製造業出口累積了大量的外匯儲備，而在中央銀行衝銷措施有限的條件下，這些外匯儲備也帶來了國內貨幣投放量的擴張，全球流動性的輸入轉化為國內流動性的過剩。

---

[1] 劉駿民, 段彥飛. 全球流動性膨脹的歷史和邏輯 [J]. 經濟學家, 2008 (6): 102.

3.3.3 美元的循環方式與全球經濟失衡的金融視角

雖然歐元在國際儲備資產中已經占到了 26%，但是，美元的核心地位並沒有從本質上發生改變。現在我們從宏觀的角度著重分析美元在世界領域的循環流動方式。

張明（2005）[①] 認為，迄今為止的國際貨幣體系呈現出中心—外圍式架構，並且伴隨著通貨和實體資源的流動。Dooley (2003)[②] 較早注意到現行國際貨幣體系下特殊的國際經濟格局，將其劃分為三大功能區：①貿易帳戶區，主要由中國、日本、韓國等亞洲國家構成。它們主要以美國為出口市場，累積了大量的貿易盈餘與外匯儲備，但是這些儲備又大部分以購買美元債券的形式回流到美國。②資本帳戶區，由歐洲、澳洲、加拿大及部分拉美國家組成。這些國家的投資者購買大量的美國金融資產（如股票和債券），並向美國輸入資本。③中心區——美國。由於有來自貿易帳戶區外匯儲備的回流和資本帳戶區私人資本的流入支撐，使得美國的經常帳戶逆差得以維持，並且規模越來越大。這種國際格局下美元與真實資源的流動可以由圖 3.2 來表示。

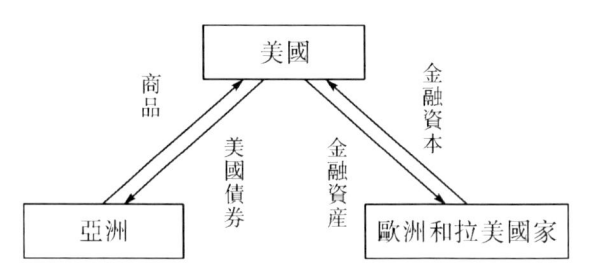

圖 3.2　當今貨幣體系下的資源流動

[①] 張明、覃東海. 國際貨幣體系演進的資源流動分析 [J]. 世界經濟與政治，2005 (12)：61.
[②] DOOLEY M, FOLKERTS - LANDAU D, STRAUB R. A Framework for Assessing Global Imbalances [R]. NBER Working Paper No. 9971, 2003.

在這種格局下，美元的投放主要通過外圍國家對美國的商品和服務的出口實現，美元回流主要通過外圍國家對美國的投資實現。美國成為世界經濟中的消費者和債務國。但是美元的這種循環方式在本質上決定了其具有自解體性，因為作為中心國的美國經濟不斷地虛空化，各國經濟失衡不斷加重，使得這種方式在運行過程中不斷瓦解自身存在的基礎。金融危機也不斷地在中心——外圍國家之間累積並傳遞。

全球經濟失衡成為當今國際經濟格局和國際貨幣體系運行中的必然結果。經濟失衡的一個顯著特徵，就是經常項目赤字的國家具有發達的金融市場，服務業占國民經濟的比重較高，經濟結構呈「軟化」趨勢。與此對應，經常項目順差的國家製造業發達，製造業占國民經濟的比重較高。經常項目帳戶赤字最多的五個國家：美國，英國，澳大利亞都具有發達的金融市場，西班牙和義大利雖然金融市場不發達，但是製造業占國民經濟的比重都不到30%。經常帳戶盈餘最多的五個國家中，中國、日本和德國都擁有世界上最大的製造業規模。[①] 這種新形態的國際分工形成了一種緊密的互補結構：東亞國家製造業的生產出口依賴歐美國家的消費進口，而歐美國家利用服務業尤其是在金融領域的優勢不斷從東亞國家進口製造品來滿足其過度的消費需求。

如果從全球化和歷史的眼光來看，目前這種國際分工形態和全球經濟失衡是全球化發展過程中的必然階段。在要素還不能實現全球自由流動的條件下，特別是勞動力還不能在全球自由流動的條件下，整個世界經濟就好似中國的二元經濟結構。所不同的是，中國依賴勞動力（農民工）的流動來發展製造業，

---

① 徐建煒，姚洋. 國際分工新形態、金融市場發展與全球失衡 [Z]. 北京大學中國經濟研究中心討論稿系列，2009.

而國際發達的技術和資本作為生產要素的主宰，則在全球流動尋找與之相結合的其他要素。那麼，製造業就在勞動力豐富的國家繁榮，服務業就在人力資本和制度完善的國家繁榮。而美國類似於世界經濟的「中央銀行」，所不同的是，這個中央銀行可以將濫發貨幣的後果轉嫁給外圍國家，但是鑄幣稅終究不能長期養活一個大國的人口。這種國際收支的長期失衡已經突破了單個封閉經濟體的經濟分析框架，美國或者中國的國際收支失衡並不僅僅是單個國家的問題，而是全球的問題，是全球化過程中的世界經濟現象。

3.4 產業虛擬化與流動性過剩
——金融危機為何發源於美國？

2007年美國次貸危機突然爆發且迅速惡化，陸續擊垮了數家在世界上最具有競爭力的大金融機構，2008年危機開始從金融業蔓延到實體經濟，也通過各種途徑向全世界蔓延，各國經濟被卷入了危機的漩渦，並逐步演化為世界經濟危機。面對仍未見好轉的世界經濟狀況，人們不僅產生疑問：這次百年不遇的大危機為什麼偏偏發生在美國？眾所周知，一直以來美國被奉為市場機制最完善、金融市場最發達的世界經濟、金融核心，美國居民消費意識超前且消費規模龐大，由此帶來的巨大需求成為推動世界經濟的一種動力。而且美國的很多機制包括金融體系，也曾經成為轉軌經濟國家模仿的樣本。就在剛剛過去的20世紀末和21世紀初，美國經濟還曾經創造過9年的「兩低一高」奇跡（高增長率、低通貨膨脹率、低失業率）。以至於引發當時經濟學界產生了熱烈的討論，有些人甚至認為經濟週期的

特點發生了根本的變化。然而就是這樣一個強大、競爭充分的經濟體，卻成為第二次世界大戰以來最嚴重的一次金融危機的發源地，其根源是什麼？目前的文獻大多從金融創新和監管方面來分析危機發生的過程，也有的學者從虛擬經濟和收入分配的角度來分析危機的根源。本章則試圖從全球化過程中美國產業結構變化和經濟增長模式的角度來對此進行分析。

3.4.1 去工業化與虛擬化——美國產業結構變化的特點

美國從20世紀80年代中期以後就出現了去工業化趨勢，在信息技術威力減緩的期間，金融、保險、房地產服務業增長迅速，又出現了虛擬化的趨勢。根據美國經濟分析局（BEA）的數據，1990年實體經濟中最具有代表性的製造業在GDP中的比重下降到16.33%，而金融、保險、房地產服務與租賃業在GDP中的比重上升到17.96%。進入21世紀後，以金融、保險、房地產服務與租賃業為代表的虛擬經濟發展更加迅速：2007年，製造業在GDP中的比重降到了11.67%，而虛擬經濟在GDP中的比重卻增加到20.66%。可見虛擬經濟的發展速度超過了實體經濟。

美國的整體經濟和美國企業的利潤主要來自於虛擬經濟而非實際商品和服務部門，虛擬經濟成為美國經濟中「最賺錢」的部門。1990年製造業公司的利潤占比與虛擬經濟部門的利潤占比交叉，隨後二者呈現相反的走勢，製造業的利潤降幅與金融、保險、房地產服務業的利潤升幅基本相當。製造業部門公司利潤占比從1950年的48%降到2006年的13%；虛擬經濟部門的利潤占比從1950年的11%上升到2006年的41%；其他服

務業在利潤總額中的占比則一直占據相對較小的穩定的份額。①

3.4.2 以虛擬經濟為推動力的美國經濟運行模式

在 2002 年開始的這一次短週期中，美國經濟圍繞著金融、保險、房地產服務業（即虛擬經濟行業）運行。靠創造和炒作各類虛擬資本以及為其提供諮詢服務、信用評級和各種仲介服務來獲得利潤，而製造業和與其緊密聯繫的相關行業則被邊緣化。與虛擬經濟相關的服務同一般的服務不同，它並不被人們直接消費，也不能作為中間產品投入到生產活動中去，而只是為人們參與財富（或者貨幣）的分配提供便利。很多金融產品特別是證券化的衍生品，是人為創造的，對其需求並不是來自於實際經濟發展對資金的需要，而是來自於投資者獲得貨幣財富的需要。尤其是像股指期貨和期權這一類的金融產品，其合約背後沒有任何實體價值對應物。這種虛擬經濟活動的繁榮來自於金融創新活動，能夠相對獨立於實體經濟而運行，但是並不必然與真實財富增長有關。

實際上，進入 21 世紀以後美國形成了以金融創新為動力的經濟增長模式，可以簡單概括為：金融創新—金融自增長—財富效應—消費增加—生產增長—金融創新。金融業在自增長的同時，能夠在一定程度上帶動相關服務業的發展和實體產業的增長，這是由於金融自增長帶來了財富效應。這一經濟增長鏈條運轉的原動力是金融創新，核心是財富效應。在這種經濟增長模式中，人們試圖通過金融產品投資獲得豐厚的利潤，導致金融市場聚集了大量的資金，過度的投機弱化了金融市場的資源配置功能，必然削弱實體經濟的發展。

---

① 張雲，劉駿民. 經濟虛擬化與金融危機、美元危機 [J]. 世界經濟研究，2009（3）.

這種以金融業自增長為支撐的經濟增長方式，受制於金融產品價格的變化。實體經濟的價格體系由成本支持，虛擬經濟的價格體系則是由預期和信心支持的。很多金融衍生產品，其實買賣的是人們對風險的不同預期，一旦市場整體預期改變，危機就一觸即發。一旦金融產品的價格上揚受到大眾心理、利率上調等因素的阻滯，居民的財富增加就會受到限制，就意味著一輪經濟循環的終結。

3.4.3 美國產業虛擬化的背景和原因

3.4.3.1 全球化背景下的世界經濟核心國

美國一直是世界經濟的核心甚至是發動機，是世界最大的出口商品流向地、FDI流入地，其龐大的消費需求影響著世界各國的經濟。美國是個典型的消費推動型的經濟體，其居民最終消費支出占GDP的比例一直在70%左右，而私人投資總額占GDP的比例約為16%左右。值得一提的是，美國居民的生活必需品主要是依靠世界市場來提供，而它提供給本國消費者和世界市場的「優勢產品」主要是人為製造的各種金融產品。早在21世紀初，美國家庭財產中的金融資產所占比例已超過80%，金融對美國經濟的滲透和影響可見一斑。

美國在世界經濟中的核心地位使得它的虛擬經濟能夠在更大的空間運行，並突破了封閉經濟中零和博弈的局限。在一個封閉的經濟中，僅僅靠多發貨幣並不能刺激經濟的增長，更不能增加居民的真實福利，因為貨幣數量的增長必然會帶來通貨膨脹。資產市場投機交易的總盈虧是相抵的，不論金融資產價格上漲了多少，對參與者總體來說都是個零和博弈，並沒有帶來國民財富的真正增加。但是全球化條件下，作為世界經濟核心的美國，其虛擬經濟範圍擴大，對本國來說並再不是零和游戲，因為美國虛擬經濟產生的利潤可以與外部交換物質產品，

並通過創造金融產品而從外國回流貨幣。在國際產業分工的體系中，美國成為以高端服務業為主的國家；在對外貿易結構中，美國的商品貿易呈現逆差，而服務貿易則是順差。據世界貿易組織的統計數據，2007年美國服務貿易順差1180億美元，部分地彌補了經常項目的逆差。同時，世界上其他國家比如亞洲國家廉價商品的輸入，減緩了美國的通貨膨脹壓力，這些國家用商品換來的美元儲備，又通過購買美國國債回流到美國；歐洲和拉美、加拿大等國家的私人投資者也大量購買美國的金融資產；使得美國可以維持規模龐大的經常項目逆差和寬鬆的貨幣政策而又沒有發生嚴重的通貨膨脹。

3.4.3.2 現行國際貨幣體系中無約束的世界中央銀行

虛擬經濟體是貨幣利潤的一個重要來源，通過發行貨幣可以創造虛擬經濟利潤，但是要維持這種貨幣利潤，必須具備三個條件：一是只要有不斷增加的貨幣資金輸入，虛擬經濟體就會有利潤；二是經濟體通過與外界非虛擬經濟體交換獲得生活資料，而非虛擬經濟體則用虛擬經濟體支付的貨幣購買金融資產；三是虛擬經濟體必須可以發行非虛擬經濟體認可的「國際貨幣」[①]。顯而易見，美國具備了上述虛擬經濟獨立運行創造貨幣利潤的條件。從20世紀70年代以來美國經常項目持續逆差，在2006年美國經常帳戶逆差達到了歷史高點——近8000億美元；金融項目則持續順差，從2000年開始，流入美國的資金淨額首次突破1萬億美元，到了2007年流入美國的外國淨資金規模近2.5萬億美元。美元作為世界貨幣的核心，在國際貿易結算、國際直接投資和國際儲備中佔有絕對的份額。美聯儲實際部分地在充當世界中央銀行的角色，但同時美元又是美國的國

---

① 劉駿民，伍超明. 虛擬經濟與實體經濟關係模型——對中國當前股市與實體經濟關係的一種解釋[J]. 經濟研究，2004（04）：60-69.

别货币，在现行的牙买加体系中，美元的发行没有黄金等实物资产的约束，而只有部分的金融资产（国债和地方政府债券）来作为发行准备。美元的供给服务于美国国内的经济目标，若不考虑美元作为世界货币的外部性，就必然存在多发货币的内在冲动。从 1969—2007 年，全球储备资产近乎增加了 100 倍，其中的美元储备资产约占了 60% 以上。[①] 相应地，美国的国债规模也必然伴随着美元的泛滥而急遽膨胀。这些基础的金融资产充斥在国际金融市场中，并在发达的金融市场衍生出了大量的虚拟金融产品，从而形成了虚拟经济的泡沫。

3.4.3.3 放松管制、信息技术促进了金融创新和金融全球化

20 世纪 80 年代以来，美国提出了新的金融改革方案，逐步放松对存贷利率的管制，力图改革其旧的金融体制。1999 年底，美国颁布实施了《金融服务现代化法案》。该法案最终废除了形成于 1933 年的格拉斯—斯蒂格尔法中的主要条款，消除银行业、证券业和保险业之间的行业壁垒，实行混业经营；改革跨州银行法，统一国内金融市场；允许工商企业对金融机构拥有更多的所有权，以此拓展金融机构的资本来源。欧日也相继放松金融管制，金融创新活跃，各种衍生产品层出不穷，增加了经济虚拟化的程度。同时，计算机和互联网技术的广泛应用，为金融创新提供了技术平台，并突破了交易的时空限制，使得各国金融市场与国际金融市场紧密连接，逐步形成一个相互依赖、相互作用的有机整体。伴随金融的自由化，发达国家为了减少竞争成本、降低与防范投资风险，不断开拓金融市场，寻求新的金融交易方式。在此背景下，许多发展中国家也积极投入到更加开放和统一的金融市场的发展潮流中，与发达国家或

---

① IMF. International Financial Statistic.

地區的金融市場相互聯結，構成全球化的金融市場運作體系，從而在時間和空間上縮短了與國際金融市場的距離，實現 24 小時不間斷營業。再加上 2001—2004 年美聯儲連續 27 次降息，日本也繼續實行長期的零利率政策，西方國家寬鬆的貨幣政策使得全球流動性急遽膨脹，大規模的資金充斥著國際金融市場。這些因素雖然不能說是危機的根源，但是也成為危機爆發和傳染的催化劑。

3.4.4 金融危機發生在美國的必然性

3.4.4.1 美國虛擬經濟膨脹的局限

美國經濟一直是以消費為主的，而金融產品並不能成為居民生活中的必需品。因此，2002 年以後典型的以金融創新為動力的經濟繁榮模式，與本國居民的消費之間關聯度很低，也只有房地產市場才能夠將居民個人的消費和虛擬經濟聯結起來。

為了刺激經濟的增長，美國政府實行了多種措施鼓勵實現「居者有其房」，到 2007 年美國住房自有率已達到了 70%。在金融槓桿的撬動下，住房抵押貸款的市值規模達到了住房總資產的 60 倍。為了挖掘低收入群體的住房需求，金融機構必然要降低貸款的條件，又因為金融機構滿足流動性和分散風險的需要，依託這些基礎的金融產品又創造出規模龐大的虛擬產品。以兩房為例，2007 年底，這兩家公司的核心資本合計 832 億美元，而這些資本支持著 5.2 萬億美元的債務與擔保，槓桿比率高達 62.5。因此，房地產市場的泡沫必然產生，同時伴隨著證券資本市場的泡沫，消費者的信心對美國經濟影響巨大。相對於美國強大的金融市場創新能力，美國居民的金融服務需求必然不足。

不僅是美國居民對金融服務的需求不足，世界市場對美國這種高端金融服務的需求也必然不足。雖然很多新興市場經濟

體的增長率較高，但是它們大多數還沒有完成工業化的歷程，對金融服務的需求必然有限；而歐、日等發達經濟體本身也具備了比較發達的金融市場，對世界市場上虛擬經濟的過度繁榮起到了推波助瀾的作用。

2004 年開始，美國的價格指數（CPI、PPI）持續上升，為了緩解通貨膨脹的壓力，美聯儲又連續 17 次加息，從而觸發了次貸危機。

3.4.4.2 美國經濟的脆弱性和危機的世界擴散

在全球化深入發展的當今，美國經濟運行不再是依靠美國能生產什麼，而是依靠美元能購買什麼。成思危提出虛擬經濟的「介穩性」和「寄生性」，認為虛擬經濟越強，對外部實體經濟的依賴就越重，經濟也越脆弱。[1] 這就意味著在當代，美國虛擬經濟與實體經濟的相互依存關係已經超出了國界，不僅僅是國內經濟平衡的基本問題，而且是世界經濟平衡的基本關係問題。

從單個國家的經濟對世界經濟的外部性來分析，如果一國在實體經濟中充當了重大技術創新的領頭羊，那麼得益於勞動生產率的提高本國經濟將率先增長，在隨後的技術擴散和產業國際轉移過程中，其他國家的經濟也會加速增長。歷史上的幾次大的技術革命就產生了這種正的外部效應。但是金融創新與實體經濟領域的技術創新有所不同，它並不能直接提高勞動生產率，而只能部分地減少（或者更準確地說是貨幣化）交易費用。因此美國以虛擬產業為主的經濟增長，對於本國來說是不能自我維持的；對其他國家來說，通過與實體經濟之間的聯繫，更可能被卷入泡沫經濟的漩渦。這樣金融危機就在世界市場中迅速傳染擴散。

---

[1] 成思危. 虛擬經濟論叢 [M]. 北京：民主與建設出版社，2003.

美國作為世界金融中心，又是虛擬經濟過度繁榮的發源地。由於其虛擬經濟的發展並不能完全輸出到別的國家，必然也引起本國資本市場的泡沫，當泡沫累積到一定程度時，資金鏈條斷裂的微小衝擊就能引發劇烈的金融動盪和危機。最大的氣球最容易破裂，虛擬化程度最高的經濟體最容易發生危機，也是在必然之中。

當然更重要的一點是，美國的金融危機是在美元流動性過剩和全球流動性過剩的環境下發生的。

4
中國的流動性過剩——國際資本的輸入

在分析了全球化過程中的國際分工和國際貨幣體系的具體背景之後，本章專門探討 2002 年以來中國經濟中出現的流動性過剩問題，重點找到造成中國貨幣流動性過剩的原因。國際貨幣基金組織（IMF）總裁多米尼克・施特勞斯卡恩說：「當你身處一個全球化的經濟中，你無法找到一個國內解決辦法。」在改革開放 30 年後，中國經濟已經深入廣泛地參與到世界經濟之中，因此，中國的流動性過剩問題絕不可能僅僅是中國的問題，試圖封閉隔絕地單獨研究中國的流動性過剩問題，是明顯不合理、不科學的做法。

4.1 全球流動性過剩——世界經濟的痼疾

在第一章中我們已經明確，本書所研究的是貨幣流動性過剩問題。如果全球主要國際貨幣的發行國提供了過多的貨幣，那麼這些貨幣流動性就必然通過各種途徑找到它的歸宿——或者輸入到某些國家轉換成該國的國內流動性資產；或者在國際金融市場上推高金融產品的價格。

4.1.1 進入 21 世紀 G5 國家的貨幣供給

由於美國、日本、歐元區、英國和加拿大這五個國家的 GDP 總量占到全球的 2/3，而且美元、歐元、日元和英鎊等又是主要的國際貨幣，因此，學術界往往利用 G5 經濟體的貨幣供給來代表全球貨幣供給的狀況。

從圖 4.1 可以看出，進入 21 世紀以後，G5 的貨幣供給呈現出快速增長的趨勢。可見在 2000 年到 2007 年金融危機爆發之前的一段時期，全球貨幣供給增長迅速，世界主要的經濟體寬鬆的貨幣政策為全球提供了大量的貨幣流動性。除了廣義和狹義

貨幣供給量迅速增長以外，2001年以來（圖4.2），G5的利率水準一直在低位徘徊，日本更是實行了長時期的零利率政策，這些都成為全球流動性過剩的主要原因。

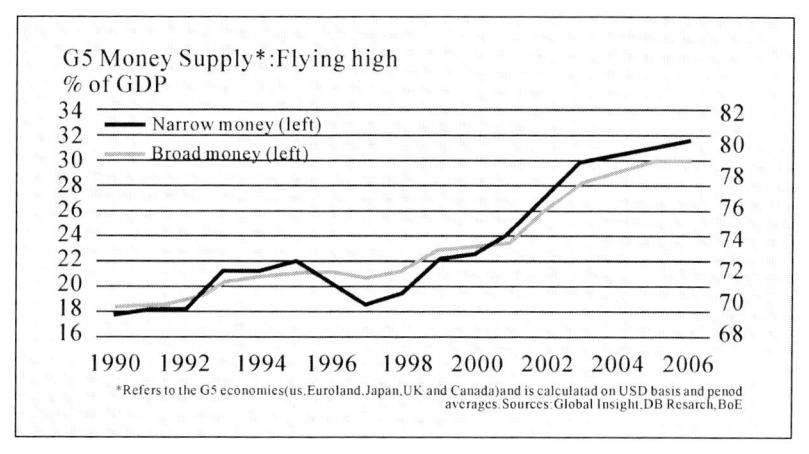

圖4.1　G5的貨幣供給占GDP的比重

（數據來源：www.dbresearch.com）

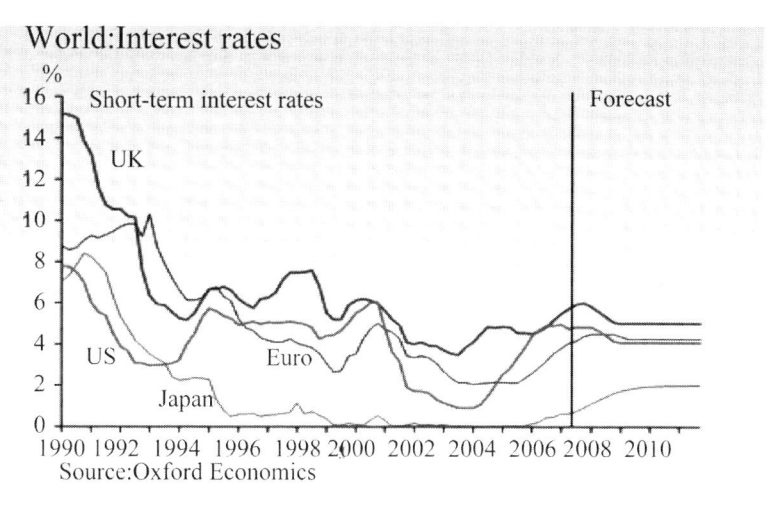

圖4.2　國際市場利率

數據來源：世界經濟展望2007

首先，從狹義貨幣層面①來看（圖4.3），從2001年以來，G5的狹義貨幣增長指數相對於1996年都大於1，日本的狹義貨幣供給增長最快，而美國的狹義貨幣增長指數卻沒有過度膨脹的跡象。2006年第二季度開始，G5紛紛提高了利率，貨幣政策開始趨於緊縮。其次，從廣義貨幣②層面來看，除了加拿大以外，G5中所有的經濟體從1996年以來，都產生了流動性過剩。美國、英國和歐洲有著發達的金融市場，在狹義貨幣供給增加和低利率的條件下，這些地方仍表現出了強勁的信用擴張。

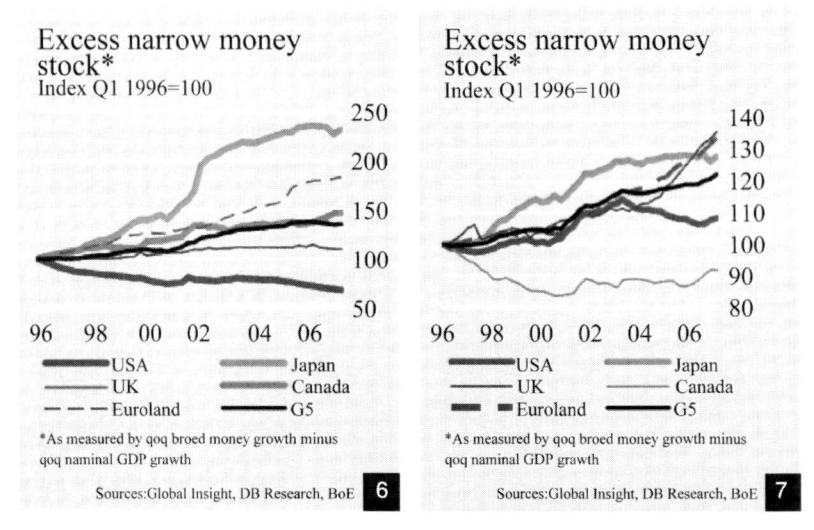

圖4.3　狹義和廣義貨幣存量指數

從理論上來說，狹義貨幣的緊縮必然會帶來廣義貨幣增速的減緩，也許兩者的一致性走向有個時滯效應，但是狹義貨幣與廣義貨幣的長期大幅度的背離是不太可能的。可以看出，歐洲、英國和美國的狹義貨幣數量與廣義貨幣數量的變動出現了

---

① 狹義貨幣用M_1來代表，英國的用M_0指標。
② 廣義貨幣用各國可以獲得的最廣義的貨幣口徑來衡量。

背離，2006年G5紛紛緊縮貨幣政策以後，狹義貨幣供給下降，而廣義貨幣仍然處於快速的膨脹之中。兩者的背離意味著信用擴張的繁榮，但是當信用擴張過度時，經濟也許會用廣義貨幣流動性的瞬時減少來糾正這種偏離，這就是金融危機的前兆。

以上從世界主要經濟體的貨幣供給數量或者利率的角度來看，我們直觀地看出2000—2006年第一季度的數據顯示貨幣供給增長迅速，遠遠超過了各國名義GDP的增速。

4.1.2 過剩的流動性去了哪裡？

在2001—2006年世界主要國家紛紛降低利率，並維持高於經濟增長的貨幣供給速度的環境中，世界各國同期的核心CPI並沒有出現相應的明顯的增長。既然全球貨幣流動性在2002年到2006年之間出現了過剩，那麼這些過剩的流動性最終流向了哪裡，以何種形態存在呢？過剩的流動性看起來並沒有主要流入消費品市場，而主要湧進了資本市場，從而推高了資產價格。

首先，在金融自由化和金融創新的快速發展中，貨幣流動性可以轉化並膨脹出更加龐大的金融市場流動性。已有研究表明，廣義貨幣的增長與金融資產價格存在明顯的一致性。在2002年以後，歐美國家的金融市場和房地產出現了一度的繁榮。納斯達克指數在網絡經濟泡沫破滅後，從2002年10月的1114點回升到2007年7月的2707點。道·瓊斯工業指數在2003年10月突破了一萬點，2007年10月9日達到14,198.8點的最高點。2007年7月6日，標準普爾500指數已經攀升到了創紀錄的1552點的高位，甚至超越了七年前網絡泡沫時期創下的水準。在世界貨幣流動性快速擴張的同時，多數國家的房地產價格也陸續上漲。自從2001年網絡泡沫破滅後，在低利率、寬鬆

的貸款和抵押政策的刺激下，美國的房價在五年內上漲了60%。[1] Sebastian Becker（2007）的研究發現，英國的房價走勢表現出與全球流動性的緊密一致性，這種聯繫甚至比其與英國本國的廣義貨幣之間更緊密。這一發現也反應出英國國際金融中心的地位。

其次，發展中國家（亞洲、石油輸出國）的外匯儲備劇增，導致國內貨幣供給量增加。過剩的流動性也致使這些國家的銀行的存貸差增加，並產生資產泡沫。根據第三章關於國際貨幣循環的框架，作為貿易帳戶區的亞洲新興市場經濟體，通過出口商品而輸入美元、歐元等國際貨幣流動性。這些輸入的流動性一方面轉化成本國的外匯儲備，致使該國被動增加貨幣供給，國內貨幣供給的迅速增長以各種途徑流入該國的資本市場，推高資產價格。石油輸出國家也輸入了大量的石油美元，只不過這些石油美元又被用來進口商品或者流向發達國家的金融市場，沒有像東亞經濟體那樣先形成外匯儲備。此外，美元還通過國內和離岸市場以債務的形式流入到其他一些發展中國家。2004年印度的股票市場上漲了120%；2004—2005年中東股票市場上漲了500%。

最後，貿易帳戶輸出的流動性會通過資本帳戶回流到美國和歐洲。大量的外匯儲備和石油美元以主權財富基金的形式在國際金融市場上進行投資。到2008年年底，滿足摩立特集團標準的有來自23個國家的32只基金。按地區劃分，大約40%（14只）的總部設在中東及北非（MENA）；1/3（10只）來自亞太地區；歐洲唯一符合此定義的基金在挪威。32只基金中，大約有一半的基金是在近十年建立起來的，且2/3建立於2003年以後。主權財富基金對外投資的飛速增長，從2000年的約

---

[1] 李慎明. 當前資本主義經濟危機的成因、前景及應對建議［J］. 世界歷史，2009（3）.

1.2 萬億美元擴張到 2008 年的約 1.8 萬億美元；另一方面也說明主權財富基金的投資風格由低調沉穩而趨向激進，2008 年全球 32 只主權財富基金的總投資價值相當於 2000 年 14 只主權財富基金交易價值的 31.74 倍，大大超過其規模增長速度。[1] 截止到 2009 年 8 月，全球已有約 40 個國家或地區設立了自己的主權財富基金，總規模約為 3.7 萬億美元，倫敦國際金融服務協會（FSL）（2009）認為總規模為 3.9 萬億美元。但需要指出的是，該數據是一個估計值，其原因在於許多主權財富基金的不透明性。

大量的投資資金在全球金融市場上尋找投資產品，也促使金融衍生工具迅速膨脹。按國際清算銀行數據，2007 年全球衍生金融產品市值為 681 萬億美元，與全球 GDP 相比為 13∶1。2007 年美國 GDP 近 14 萬億美元，與其金融衍生品比竟為 1∶29。虛擬經濟的過度膨脹是造成 2008 年全球金融危機的一個重要原因。此外，國際市場上的重要資源定價機制已經越來越與金融市場相聯繫，在流動性過剩的條件下，一些資源性產品的保值功能促使過多的資金追逐，2004 年世界市場的黃金和石油價格一度飆升，就是因為人們預期美元貶值。

4.2　中國的流動性、資產價格與通貨膨脹

在美國、日本、歐盟等發達國家紛紛實行寬鬆的貨幣政策，世界市場上的貨幣流動性膨脹的同時，中國作為一個開放的、迅速發展中的經濟體，也面臨著貨幣供給量增長迅速、銀行存貸差擴大，以及過剩的流動性帶來的資產價格上漲問題。

---

[1]　王遙. 主權財富基金的總體投資趨勢研究［J］. 中國流通經濟，2010（1）：78.

4.2.1 流動性過剩在中國的凸顯

1999年開始中國的國際收支出現持續的雙順差，在人民幣升值預期的影響下，2002年中國的資本和金融帳戶順差突然大幅度增加，2003年資本和金融帳戶的順差達到了527.3億美元，超過了經常項目458.7億美元的順差，2004年繼續增加到1106.6億美元，直到2005年人民幣匯率改革從而真正升值後，中國的資本和金融項目順差才降到經常項目順差以下。與此同時中國外匯儲備迅速增長，2003年末外匯儲備比2002年末增加了40%，隨後繼續迅速增長到2010年末的2.9萬億美元，居於世界第一位。外匯儲備增長引起了外匯占款的增長，中央銀行因為外匯占款而投放的貨幣供給相應快速增長（見圖4.4）。中國的貨幣供給量M_2從2002年開始加速增長，2001—2002年人民銀行主要運用公開市場操作手段來調節貨幣供給，貨幣政策相對寬鬆。總之，在1998—2006年期間，中國為了化解亞洲金融危機的衝擊，實行了寬鬆的貨幣政策，繼而世界主要國家寬鬆的貨幣政策下，迎來了國際資本的大量流入，中國的外匯占款所導致的基礎貨幣投放增加，人民銀行在此期間幾次調低外幣存款利率，也無法阻止境外熱錢的大量湧入，這些因素已經

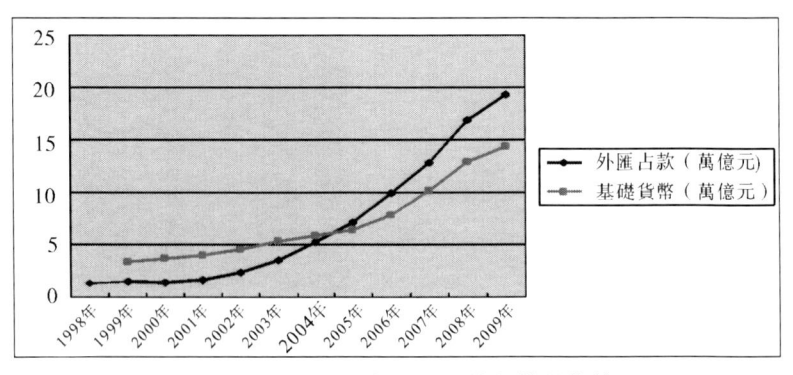

圖4.4　1999—2009年外匯占款與基礎貨幣

為國內流動性過剩埋下伏筆。

中國的流動性過剩問題首先在商業銀行體系中表現出來。自 2005 年開始，各類媒體和學術文獻開始關注中國商業銀行體系內的流動性過剩現象：①銀行存差急速擴大。2001—2005 年各年年末人民幣存貸差分別為 3.13 萬億元、3.96 萬億元、4.91 萬億元、6.32 萬億元、9.25 萬億元，2006 年 6 月末達到 10.32 萬億元，流動性過剩加劇的態勢十分明顯。[①] 截至 2005 年年末，存款增速高於貸款增速 3.71 個百分點，是 2000 年的 3.8 倍；金融機構存差達到創紀錄的 9.2 萬億元，占存款餘額的 32%；存量的貸存比為 68%，新增量的貸存比為 53.6%[②]。②銀行擁有的超額準備金過多。金融機構在中央銀行的超額準備金由 2000 年年末的 4000 億元增長到 2004 年末的 12,650 億元，年均增長率高達 32.9%，截至 2005 年 12 月末，全部金融機構超額儲備率達 4.17%。[③] 這些現象已經不能單從銀行惜貸，金融市場發育滯後等傳統的角度來解釋。銀行系統內部的流動性過剩其實是過多的貨幣供給的一個表象。

從宏觀貨幣流動性的層面來看，中國的流動性過剩也比較明顯。對於判斷流動性在哪一點開始過剩，以及過剩的規模有多大，一直是個很難精確計算的問題。對於貨幣超額發行的衡量，人們一般遵循的思路是：貨幣的供給應該是為了滿足經濟增長與價格上漲而帶來的交易的需要，因此用 M_2 的增速是否快於 GDP 增速和 CPI 之和來判斷貨幣超發的存在。從圖 4.5 可以看出，從 1999 年至今，中國的 M_2 增速一直遠遠高於 GDP 增速與 CPI 增長率之和，只在 2007 年由於流動性過剩帶來了股市和

[①] 鄒新. 世界流動性過剩揮之不去 [J]. 銀行家, 2006 (9).
[②] 朱慶. 解讀當前市場流動性過剩 [J]. 上海經濟研究, 2006 (10).
[③] 連建輝, 翁洪琴. 銀行流動性過剩：當前金融運行中面臨的突出問題 [J]. 財經科學, 2006 (04)：5-11.

房地產的泡沫問題，央行屢次提高存款準備金率和利率，並配合央票等手段加大回收流動性的力度，流動性過剩狀況一度有所緩解。但是在 2008 年以後，貨幣政策轉向寬鬆，超額貨幣的發行呈現喇叭口形的放大，2010 年隨通貨膨脹出現貨幣超發幅度有所下降。

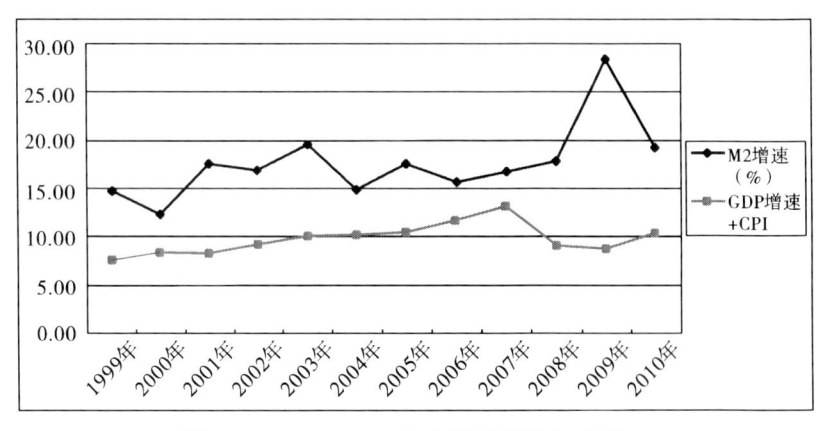

圖 4.5　1999—2010 年中國的貨幣超發狀況

我們也可以從經濟貨幣化①的角度來分析流動性過剩，中國的市場經濟改革，使得經濟貨幣化的過程加快，隨著進入市場交易的商品和資源的增加，超額的貨幣供給被經濟貨幣化吸收。弗里德曼（Milton friedman）和施瓦茨（Anna J. Schwartz）等經濟學家就 20 世紀 60 年代主要國家經濟貨幣化的比重進行了分析，從而得出一個結論：經濟貨幣化比率的差別基本上反應了不同國家的經濟發展水準，貨幣化比率與一國的經濟發達程度呈現明顯的正相關關係。也就是說，一國經濟的貨幣化比率應該與該國經濟的發展程度相適應，因此 M_2/GDP 這個傳統指標成為國際上通用的衡量流動性的公式。中國的 M_2/GDP 自 1995

---

① 所謂經濟貨幣化，是指經濟活動中以貨幣為媒介的交易份額逐步增大的過程，它可以用廣義貨幣 M_2 占 GNP（或 GDP）的比值（M_2/GNP 或 M_2/GDP）來表示。

以來呈現快速上升勢頭：1995 年為 104%，2000 年達到 137%，2006 年達到 159%，隨後由於中國貨幣政策的緊縮而稍有下降，但是到 2009 年又高達 179%，而 2009 年美國的 M_2/GDP 也不過 60.64%。可見，中國的經濟已經過度貨幣化，貨幣相對於經濟發展的需要而言存在著明顯的過剩。

在 1998 年亞洲金融危機之後的期間，美國、歐洲和日本實行低利率政策，主要發達國家的貨幣供給增速加快，G5 的 M_2 供給量占 GDP 的比重從 1997 年的 18% 增加到 2006 年的 32%，全球流動性過剩狀況形成。在此期間中國的流動性過剩伴隨著世界經濟週期和國際流動性的膨脹而逐漸明顯並加重。詳細數據指標見表 4.1。

表 4.1　　　1999—2009 年中國主要宏觀經濟指標

年份	1999	2000	2001	2002	2003	2004	2005	2006	2007	2008	2009	2010
M_2 增速	14.74	12.35	17.61	16.87	19.57	14.87	17.55	15.7	16.74	17.8	28.41	18.96
M_1 增速	17.44	15.94	12.81	18.36	18.62	14.15	11.77	17.43	21.03	8.98	33.21	20.42
外匯儲備增速	6.70	7.05	28.14	34.99	40.8	51.25	34.26	30.22	43.32	27.34	23.28	18.68
GDP 增速	7.62	8.43	8.30	9.08	10.00	10.10	10.40	11.60	13.04	9.00	8.70	10.30
M_2/GDP	1.32	1.36	1.44	1.54	1.63	1.59	1.62	1.6	1.52	1.51	1.79	1.82
M_1/GDP	0.5	0.54	0.55	0.59	0.62	0.6	0.58	0.58	0.57	0.53	0.65	0.67
通貨膨脹率	-1.4	0.4	0.7	-0.8	1.2	3.9	1.8	1.5	4.8	5.9	-0.7	3.3

資料來源：根據中國人民銀行網站、中經網統計數據庫、CSMAR 系列研究數據庫經作者計算整理。

4.2.2　人民幣內外價值的背離：對外升值與對內貶值並存

自從 2002 年以來，隨著中國的國際收支雙順差和外匯儲備的累積，美國、日本、歐盟等主要發達國家要求人民幣升值的壓力越來越大。2005 年 7 月 21 日人民幣匯率形成機制改革以

後，人民幣一直處於升值的通道中，2005 年 7 至 2010 年 5 月，人民幣匯率對美元升值 21%，實際有效匯率升值 16%。但是來自外部的升值壓力卻一直沒有緩解，對於人民幣升值的預期也一直沒有發生逆轉。

另一方面，2008 年金融危機的爆發終止了中國緊縮性貨幣政策的步伐，中國也不得不跟隨發達國家量化寬鬆的貨幣政策而實行一系列的刺激經濟措施。2009 年中國的 M_1 和 M_2 增速分別高達 33.21% 和 28.42%。從國內通貨膨脹率來看（見表 4.1），從 2003 年以來通貨膨脹率就逐漸上升，直到 2008 年達到了 5.9% 的水準，雖然 2009 年物價水準為負，但是隨著寬鬆貨幣政策的財政政策的實施，2010 年中國的物價水準再一次上升，2010 年 8 月份的 CPI 同比增長 3.5%。人民幣對內貶值的狀態已經非常明顯。

人民幣這種對外升值對內貶值的現象已經持續多年，這種違背一價定律的客觀現實不容忽視，我們不能僅僅從一價定律的嚴格假設不滿足來解釋。本書認為，人民幣這種內外價值背離恰恰反應了進入 21 世紀以來中國的外部經濟環境和內部發展戰略的現實。自從 2001 年正式加入 WTO 以後，中國的對外開放進一步向縱深化發展，出口導向的特徵更加明顯。而歐美日等發達國家在 2001 年以後紛紛實行寬鬆的貨幣政策，使得全球意義上的流動性泛濫，過多的國際流動性充斥在世界經濟體系之中，必然有貶值的壓力，相應地，人民幣就有升值壓力。而全球流動性通過貿易和投資等渠道輸入到中國，導致並加劇了中國國內貨幣供給的迅速增加，而人民幣在當前缺乏流出的途徑，在國民經濟體內就會產生物價上漲從而對內貶值的壓力。

人民幣對外升值、對內貶值是有目共睹的，這一方面吸引熱錢流入中國，另一方面吸引儲蓄流入股市房市，從而必然推高中國的資產價格和通貨膨脹率。

4.2.3 中國的流動性過剩與資產價格

如果一個國家的貨幣供給量增長迅速，那些超過經濟增長和交易正常需要的過剩流動性必然要在某些經濟領域反應出來。貨幣供給量過快增長所帶來的流動性首先就會直接流入金融市場，從而推動各種金融資產的數量膨脹和價格的上升。中國的金融市場還非常地不發達，間接融資仍然是企業的主要融資方式，因此流動性過剩首先就在商業銀行體系中表現出來——商業銀行體系內部存差累計擴大。過剩的流動性不能夠被實體經濟增長所利用，就形成了充斥在金融市場上的投機資金。在歐美等國家有種類和數量繁多的金融產品可供買賣，但是在中國能夠吸收投機性資金的資產匱乏，因此大量的投機資金湧入了股票和房地產市場。在國際和國內流動性過剩的背景下，中國的股票市場和商品房市場必然會受到影響，事實上，2003—2007年，流動性過剩和大量熱錢的湧入直接推動了中國股票和房地產價格的上漲，並形成一定程度的泡沫。

4.2.3.1 流動性過剩與股市泡沫

我們先來看中國的A股市場，亞洲金融危機後從2001年起中國的A股市場開始走低，以後一直在低位徘徊，2005年上證指數在觸到998點的低點後，開始迅速走強。短短兩年的時間內，中國的股市實現了奇跡般的上漲，達到了2007年的6124點的頂峰。在人們還在爭論和論證股票市場到底存不存在泡沫的時候，泡沫已經吹大並伴隨著次貸危機和全球金融危機的爆發而瞬間破滅。2008年中國股市經歷了一輪過山車，從5522點一度跌到1624點，見圖4.6。

中國A股的這次大牛市行情，其直接的背景和原因就是流動性過剩。結合表4.1的數據可以直觀地看出，中國的貨幣供給增速、外匯儲備增速、通貨膨脹率和上證指數的走勢基本一

致，2007年上證指數達到了歷史最高點，同時 M_1 增速為 21.3%，外匯儲備增速達到 43.32%，通貨膨脹率也上升到了 4.8%，達到十多年來的最高水準。周愛民等（2010）對中國 1991—2008年的股市泡沫進行了實證研究，結果證明泡沫主要出現在這幾個階段：1996年3月至1997年5月；2000年以及 2006年6月至2007年9月；且最後一個時段的泡沫最為嚴重。[1] 關於中國的股票價格與超額貨幣供給之間的關係，已經有許多實證研究成果提供了證據。賀建清（2009）從流動性過剩的視角出發，選取了2006年1月至2007年12月的月度數據，通過建立迴歸模型，利用協整分析、格蘭杰因果檢驗、誤差修正模型和脈衝回應函數，研究廣義貨幣和外匯儲備對股市波動的影響。研究結果表明：廣義貨幣與外匯儲備是上證指數、深圳指數波動的 Granger 原因。[2]

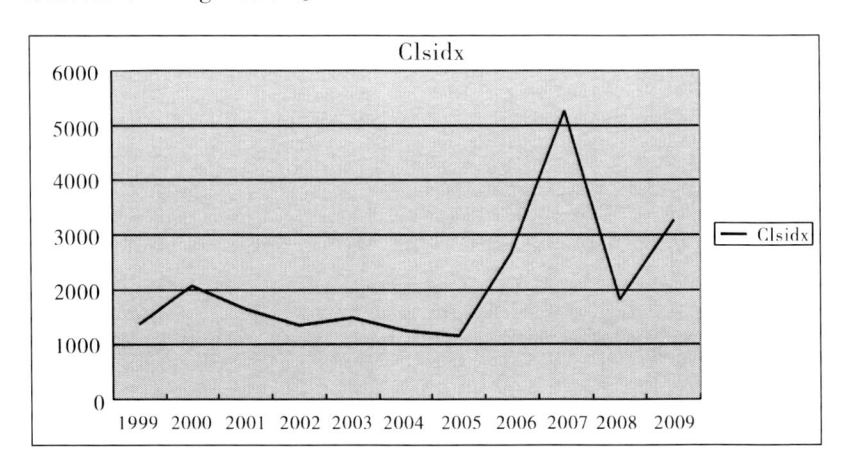

圖4.6　上證指數年收盤價走勢圖

---

[1] 周愛民，等. 基於三分狀態 MDL 方法度量中國股市泡沫 [J]. 南開大學學報（自然科學版），2010（2）：92-98.
[2] 賀建清. 流動性過剩對股市波動的影響 [J]. 山東商業會計，2009（4）：35-40.

4.2.3.2 流動性過剩與商品房價格的迅速上漲

中國的住房市場化改革是從 1998 年才開始的,商品房市場還處於初期的快速發展但是不完善階段,保障性住房制度缺失,房地產市場主體的利益關係還沒有理順。但是隨著流動性過剩的出現,房地產作為投資品成為股票之外的另一個被炒作對象。2005 年人民幣升值之前,由於升值預期而吸引了大量的境外熱錢提前進入中國,這些投資資金並不是真正追求實體經濟的利潤,而是直接進入了中國的房地產和股市,從而推高了房價。再加上國內貨幣投放量的過快增長,流動性過剩也促使國內大量的投機資金進入房地產市場。全國的整體商品住宅價格從 2005 年的不到 3000 元/平方米一路上漲到 2009 年的 8000 元/平米。[1] 而商品房市場又是一個地區分割的市場,在北京、杭州和上海等東部沿海一些城市,其房價已經達到 2 萬元/平方米以上,過高的房價已經成為最受關注的一個經濟與民生問題。

2003 年開始,房地產行業成為外商進入中國的第二大投資行業。外資進入中國房地產主要涉及購房投資和開發兩個領域。從 2001 年到 2004 年,房地產開發投資中實際利用外資的規模穩步提高。2004 年房地產行業合同利用外資金額和實際利用外資金額分別達到了 134.9 億美元和 59.5 億美元,呈現出了快速增長的趨勢。就外國直接投資進入房地產的規模估測,各方意見不一。有人初步估測 2004 年進入到中國房地產行業的外資規模大約在 220 億美元,以此計算,2003 年到 2005 年一季度,外資在開發環節的比重在 15% 左右,在銷售環節的比重在 25% 左右。[2] 宋勃、高波(2007)利用中國 1998—2006 年的實際利用外資和房地產價格的季度數據建立誤差糾正模型(ECM),使用

---

[1] 唐根年,等. 房地產價格上漲的基礎支撐面及其市場風險預警研究 [J]. 經濟學家,2010(6).
[2] 外資投資中國房地產報告 [N]. 經濟日報,2005-09-28.

Granger 因果檢驗方法對中國的房地產價格和國際資本流動的關係進行實證檢驗。結論認為短期而言，房地產價格上漲吸引了外資的流入；長期來說外資的流入對中國的住房價格上漲產生了影響。

雖然 2007 年開始國家就出抬了一系列的宏觀調控措施來遏制房地產市場的過熱問題，但是中國的商品房價格始終沒有出現實質性的下跌，在經歷了 2008 年的短暫調整以後，2009 年為了應對金融危機而接著實行了寬鬆的貨幣政策，於是中國的房價再一次高漲。

4.2.3.3 流動性過剩與通貨膨脹

根據經濟學的一般原理，貨幣供給過多必然會帶來通貨膨脹，雖然很多實證研究證明這種效應具有一定的滯後效應。從 1999 年開始，中國的貨幣供給速度一直處於 10% 以上，但是在 2003 年之前，通貨膨脹率（CPI 指數）卻一直沒有明顯的上升，可以說中國經濟在這個階段仍然處於通貨緊縮的陰影下。國內曾經有些學者質疑大量的貨幣供應量都去了哪裡。一般認為貨幣量增加的同時伴隨著貨幣流通速度的減緩，貨幣增量主要流入了股市等資本市場，所以寬鬆的貨幣政策對經濟的刺激效應甚微。但是到了 2003 年，通貨膨脹率開始轉負為正，達到了 1.2%，此後的通貨膨脹率一直在上揚的趨勢之中，中國的經濟已經在承受著通貨膨脹的壓力。2007 年通貨膨脹率達到了 4.8%，已經出現了明顯的通貨膨脹，在經濟刺激政策的影響下，2008 年中國的 M_2 增速仍然高達 17.8%，並且中國並沒有發生像歐美國家那樣的明顯的金融危機和流動性枯竭，所以中國的流動性過剩狀況始終沒有根本的改變。2008 年末 CPI 增長率達到 5.9%，為了保持經濟增長而不得不忍受了一定的通貨膨脹。2009 年是中國積極財政政策和貨幣政策實施力度最大的一年，因此，2010 年第一季度開始，通貨膨脹率再一次上升，通

貨膨脹壓力再次加大，2010年11月通貨膨脹率達到4.4%，通貨膨脹已經比較明顯。2011年，政府已經把控制通貨膨脹作為經濟調控的首要任務，預期通貨膨脹率5%左右，央行連續調高金融機構存款準備金率，貨幣政策從積極轉向了穩健。

　　綜上所述，過剩的貨幣流動性會帶來資產價格的上漲以及泡沫的出現，並且遲早會產生通貨膨脹的壓力。這些已經被許多實證研究和中國宏觀經濟的實踐所證實。自從亞洲金融危機過後到美國金融危機全面爆發期間，中國經濟確實存在著明顯的而且持續的流動性過剩問題，並且已經在各個相關方面有所反應。

4.3　中國流動性過剩的內因與外因——理論分析

　　遵照馬克思主義哲學的認識，中國國內很多學者在分析問題的時候往往以「內因是事物發展的根本原因，外因是事物發展的必要條件」的邏輯，首先從國民經濟內部的缺陷入手尋找流動性過剩的根源。這樣的分析視角是重要的而且合理的，但是在全球化已經深度影響中國經濟的今天，如果僅僅從中國經濟內部來分析，難免會犯先入為主和偏頗的錯誤。比如「非典」的流行，我們不能說人類感染「非典」並且沒有抗禦這種病毒的能力，是因為人類免疫系統自身的不完善——人體不可能對所有未知的病毒天然具有免疫力。眾所周知「非典」的主要原因是人體外部的病毒變異和侵襲，再加上人體免疫系統沒有對抗這種未知病毒的能力。雖然我們要從內部免疫力的方面來抵禦非典，但是不能把直接原因歸結為內部缺陷。同理，中國的流動性過剩，其產生的根源和影響因素必然是錯綜複雜的，既

有中國經濟結構和增長方式的原因，更有全球經濟一體化和外部經濟金融環境的原因。經濟活動是不可重現的，不能像自然科學那樣可以限定條件反覆地重現來做試驗。全球化是全世界從來沒有經歷過的現實過程，世界各國經濟和政策的變動，都會影響和改變全球經濟系統，從而會影響在這個系統內部的各國經濟體。因此，造成中國流動性過剩的原因，既有內部的又有外部的，兩方面都要考慮，至於哪方面是直接原因，還有待下文的進一步具體分析。

4.3.1 流動性過剩的內部原因

現代市場經濟是信用經濟，各國的貨幣也演變成信用貨幣。經濟增長和人類交易活動的發展，都需要相應的貨幣作為媒介和手段。從這個方面來看，長期的經濟增長必然伴隨著貨幣供給量的增加。如果暫時不考慮外部資本輸入問題，流動性過剩的內部原因應該是指央行為滿足國內經濟發展需要通過信貸渠道而投放的貨幣供應量過多。如果中國的流動性過剩主要是內部原因導致的，那麼，可能的原因是中國經濟增長過快或者投資過猛、利率過低等。然而中國經濟的上述特徵可以說自從改革開放以來一直存在，但是流動性過剩問題卻是在中國加入世界貿易組織（WTO）之後，全球流動性過剩出現以後才凸顯的。因此，我們認為內因並不是中國流動性過剩的直接原因，這一點我們將在隨後的實證分析中給予證明。

4.3.1.1 中國經濟的高速增長

自從1992年以來，中國經濟增長速度一直在創造著奇跡，中國GDP增長速度大多數年份都在8%以上，在1992—1996年、2003—2007年這兩個期間，GDP增長率均超過了10%（上年=100）。但是流動性過剩的狀況卻沒有在1992—1996年期間出現，而只在2003—2007年期間出現，可見其有一定的特定歷

史特徵。再進一步結合貨幣政策來分析，如果貨幣供給量的增加是由於經濟增長引起的，這兩者應該存在一致的走勢。我們可以借助朱慶的超額貨幣變化率指標（EM）來衡量貨幣供給量是否增長過度：超額貨幣變化率＝貨幣供給增長率－經濟增長率－物價上漲率。利用表4.1的相關數據，計算出中國的超額貨幣變化率，結果見表4.2。在1999—2003年，超額貨幣變化率較高，同期GDP增長率卻相對較低；2004—2008年期間，GDP增長率上升，雖然貨幣供給增長率也上升，但是超額貨幣變化率下降，2007年由於通貨膨脹率較高，導致超額貨幣變化率為負。可以看出，中國的貨幣供給表現為逆週期調控的特徵，而且與世界其他主要國家的情況不同，中國狹義貨幣M_1增長率高於廣義貨幣供給M_2的增長率，也反應出金融市場不發達，中央銀行對貨幣供給的控制力相對較強些。因此，並沒有證據顯示是中國的經濟增長導致了流動性過剩。

如果再回溯一下中國的貨幣供給增長率，還會發現一個疑問：在1991—1996年，中國的廣義貨幣M_2增長率也一直處於高的水準，分別為26.52%，31.28%，37.3%，34.53%，29.27%，25.26%。但是當時的超額貨幣供給並沒有帶來相應的通貨膨脹和流動性過剩問題，學術界一度認為這些增發的貨幣由於貨幣流通速度下降而沒有產生刺激經濟的效果。裴平、熊鵬（2003）認為，是政策傳導機制存在缺陷，貨幣政策傳導中存在「滲漏」效應，大量貨幣不是被傳導並作用於生產、流通和消費等實體經濟環節，而是「滲漏」到股票市場和銀行體系，這些「滲漏」的貨幣在經濟形勢好轉的情況下，就會又通過股票市場和銀行體系回流出來，造成市場流動性過剩。這種現象也可以用經濟貨幣化來解釋：在計劃經濟時代，只有消費品是投入到流通當中的，而生產資料和資產是不進入市場的。而改革開放30多年來，情況發生了變化，就需要貨幣的供給和

擴張。特別是在過去10年，生產資料的市場化正在不斷深化，包括土地和房地產的市場化改革，礦產資源的市場化開發，包括證券市場在內的各類金融市場建設都很大程度上吸納了央行超額的貨幣供給，這也在相當程度上保證中國經歷了一段高增長、低通貨膨脹的時期。從這個角度來看，2002—2007年的流動性過剩，也許還有一個歷史累積的作用，當中國經濟的貨幣化過程已經達到一定程度以後，流動性過剩開始推高價格，包括資產價格與一般物價水準。本書認為還有一個重要的原因是在2003—2007年，中國面臨著全球流動性過剩、國際收支雙順差和人民幣升值壓力的環境，而這些情況在1992—1996年卻不存在。

表4.2　　　　　　　　中國的超額貨幣變化率

年份	1999	2000	2001	2002	2003	2004	2005	2006	2007	2008	2009
EM_1	11.22	7.11	3.81	10.08	7.42	0.15	-0.43	4.33	3.19	-5.92	25.91
EM_2	8.52	3.52	8.61	8.59	8.37	0.87	5.35	2.6	-1.12	2.90	20.41
GDP增速	7.62	8.43	8.30	9.08	10.00	10.10	10.40	11.60	13.04	9.00	8.70

4.3.1.2　經濟發展模式與結構失衡

相對於投資和出口的高速增長，中國的消費近年來雖有增長加快的趨勢，但仍遠落後於前二者的增速。特別是2002年以來投資增長的速度持續超過消費增速，投資與消費的比例失衡問題加劇，消費相對落後使大量資金沉澱在銀行體系內部循環，造成銀行體系內的流動性過剩，過高的儲蓄率可以作為這一分析的證據。有學者（盧萬青、魏作磊，2008）認為投資與消費的結構失衡是造成中國流動性過剩的內部原因。另一方面，消費不足必然也使得經濟增長模式過分依賴投資和對外出口，出口導向的增長方式帶來大量的貿易順差，外匯儲備和外匯占款增加，從而外部資本輸入帶來流動性過剩，這是流動性過剩的

外部原因。因此，投資與消費的結構失衡從內部和外部兩個方面導致中國的流動性過剩，也不能將此單純歸結為內部原因。

4.3.2 流動性過剩的外部原因

上文分析中提到過，中國的流動性過剩之所以發生在 2002—2007 年，而不是 M_2 增長率更高的 1992—1996 年，是有其特定的客觀歷史條件的。這兩個階段差別最明顯的就是外部世界經濟的大背景不同。全球化是一個逐漸深入而勢不可擋的過程，2001 年中國加入 WTO 後，就使得中國更加廣泛深入地參與到國際分工生產和世界市場之中，依靠勞動力優勢而承接國際產業轉移並在低附加值加工製造環節具有了比較優勢；1997 年亞洲金融危機的衝擊使得中國的貨幣政策趨向寬鬆，人民幣匯率與美元之間的鎖定關係也更加明顯；再加上 2001 年美國互聯網經濟泡沫破滅，為了刺激經濟增長，美、歐也開始大量發行貨幣；而日本更是實行著長期的低利率政策，日元在國際市場之間的套利流動頻繁，規模巨大。這些特定的世界經濟大環境下，才出現了全球流動性膨脹過程中的中國流動性過剩。上一節主要分析了造成中國流動性過剩的內部因素，本節則主要分析造成中國流動性過剩的外部原因。

4.3.2.1 持續的國際收支雙順差

進入 20 世紀 90 年代，除個別年份外，中國的國際收支就開始呈現出雙順差的狀況。從 2001 年開始，無論是經常項目還是資本與金融項目，順差的規模迅速擴大。很多學者認為在過去 20 多年中，中國的經濟發展戰略可以概括為出口和 FDI 驅動型。中國的雙順差是多年「獎出限入」的傳統思想和對外資實施「超國民待遇」等經濟政策，特別是加工貿易型 FDI 優惠政策綜合作用的結果。地方政府在招商引資規模和出口創匯量績效衡量的體制下，不斷利用優惠政策吸引 FDI，而企業傾向於利用外

資獲得資金支持和各種稅收減免優惠。而中國的外向型經濟發展戰略也正好遇到世界經濟增長的一個高峰：2003—2007 年，世界經濟年均增長率為 5.5%。

經常項目順差從 2000 年的 205.2 億美元增長到 2008 年的 4261.1 億美元，8 年增長了 20 倍。而經常項目順差顯示中國實際上出現了生產資源的淨流出，中國通過淨出口向世界輸出商品和要素，而輸入的外匯大部分以儲備資產（美國國債）的形式閒置起來。中國經濟另一個特別之處在於，在國內高儲蓄的情況下，仍然存在大量外部資本的輸入，FDI 的流入構成了資本項目順差的主體。自 2001 年開始，資本項目順差迅速擴大，從 2000 年的 19.22 億美元達到 2004 年的 1106.6 億美元，四年增長了 56 倍。資本項目順差一度超過經常項目順差，直到 2005 年人民幣匯率改革從而人民幣升值後，才有所減緩。國內學者認為，資本項目順差意味著內部資本形成機制具有較嚴重的局限，李揚等（2005）認為國內金融部門效率不高，為了防止效率低下的金融部門阻礙勞動力的轉移，在開放經濟條件下，需要引入純粹金融意義的國際直接投資來分配儲蓄資源，以便國內儲蓄能夠順利投入到國內勞動力的轉移過程中去。但是中國高投資引起資本、金融帳戶順差的同時，經常帳戶也是順差，說明來自於資本和金融帳戶的順差並沒有為中國融資。餘永定、覃東海（2006）[1] 也採用投資儲蓄不平衡分析方法，解釋為什麼 FDI 並沒有為中國融資，認為在經常帳戶為順差的前提下，FDI 擠出了國內投資。

國際收支的雙順差無疑反應了國際資本通過貿易和投資等渠道輸入中國，在中國的外匯管理體制下，這些流入中國的資

---

[1] 餘永定、覃東海. 中國的雙順差：性質、根源和解決辦法 [J]. 世界經濟，2006（3）.

本首先就會被商業銀行進而被中央銀行購買，從而也投放相應的人民幣，因此造成國內流動性過剩。

4.3.2.2 外匯儲備與外匯占款直接帶來流動性過剩

外匯儲備與外匯占款可以看作是一枚硬幣的兩面。外匯占款（Funds outstanding for foreign exchange）是指中央銀行收購外匯資產而相應投放的本國貨幣。中央銀行購買外匯形成本幣投放，所購買的外匯資產構成銀行的外匯儲備。如前所述，國際收支的巨額順差，引起了外匯儲備的大量增加，進而帶動了外匯占款的迅猛增長。雖然中央銀行可以通過多種衝銷干預的方式來回籠過多投放的基礎貨幣，但是從中國的現實情況來看，在國際收支順差不斷增加的情況下，通過公開市場業務回收流動性的速度趕不上外匯占款增加的速度。儘管從 2003 年以來，央行不斷加大公開市場業務操作，通過發行票據及提高存款準備金率等手段進行對沖操作，貨幣回籠速度仍趕不上外匯占款增加速度。到 2009 年底，中國外匯儲備餘額達到了 2.4 萬億美元，外匯占款餘額已達到 19.31 萬億元人民幣，同期 M_1 存量為 22.14 萬億，大致估算可以看出，由外匯占款導致的貨幣發行占 M_1 的 87% 以上。另外，央行以前發行的大量票據也面臨到期的問題，對沖的成本越來越大。而這些未能衝銷的流動性則主要流入銀行系統，在經過乘數效應的放大之後，就成為經濟體系流動性過剩的一條重要渠道。

劉駿民（2010）[①] 認為，外匯占款對流動性影響的最大問題就在於：由外匯占款引起的貨幣增發在國內是無任何產品和服務相對應的。例如，中國企業出口 100 億美元產品之後，會收到 100 億美元外匯，如果按 1∶7 的比例兌換人民幣，境內就增

---

① 劉駿民. 利用虛擬經濟的功能根治中國流動性膨脹 [J]. 開放導報，2010（1）：5-11.

發了700億元人民幣。產品在境外,境內增發的人民幣沒有對應的產品和服務。在現代貨幣缺乏自動退出機制的背景下,貨幣的內生性遠遠小於西方發達國家,人民幣更缺乏自動退出流通領域的機制,從而這些被動投放的流動性出現過度膨脹的狀況。

4.3.2.3 人民幣匯率與升值預期帶來的外部資本流入

隨著中國經濟高速增長,勞動生產率不斷提高,持續擴大的雙順差帶來外匯儲備的增長,必然會產生人民幣升值的壓力和預期。自從2002年開始,美國、日本等國家開始對人民幣盯住美元的匯率制度進行抨擊,認為中國通過壓低人民幣匯率向世界輸出通貨緊縮,進而鼓吹人民幣升值。人民幣升值壓力和預期日漸明顯,國際資本為了追求人民幣升值的收益而通過各種途徑湧入中國。這些熱錢進入的目的主要是賭人民幣升值,不會進入實體經濟領域,但是卻可以流進股票和房地產市場,從而推高中國的資產價格。對於熱錢的規模國內學者從不同的角度進行了測算:尹宇明(2005)[1] 根據國際收支平衡表中淨誤差與遺漏項目為基礎的直接法,估算得到:2002—2004年流入中國的熱錢規模測算值分別為18.14億美元、622.88億美元和639.58億美元,三年共流入熱錢規模估計超過1000億美元。萬光彩(2009)[2] 基於誤差與遺漏項目和經常項帳戶下收益匯出項目兩種熱錢流出渠道,分別估測了兩種熱錢規模。估測結果表明,誤差與遺漏項目下的熱錢在2004年和2007年發生了大規模的流入,截至2008年上半年,其規模為2450.42億美元,僅為外匯儲備存量的13.55%;而經常項目下收益匯出渠道的熱錢則

---

[1] 尹宇明,陶海波. 熱錢規模及其影響[J]. 財經科學,2005(6):131-137.
[2] 萬光彩. 中國的熱錢規模究竟有多大?——基於熱錢流出渠道的估算[J]. 世界經濟研究,2009(6).

隨著 FDI 存量的逐步增加而不斷累積，2003 年以來其規模已經高達 4254.82 億美元。熱錢進入中國的渠道主要有四個：一是虛假的貿易順差，二是虛假的外商直接投資，三是地下錢莊，四是個人匯款。

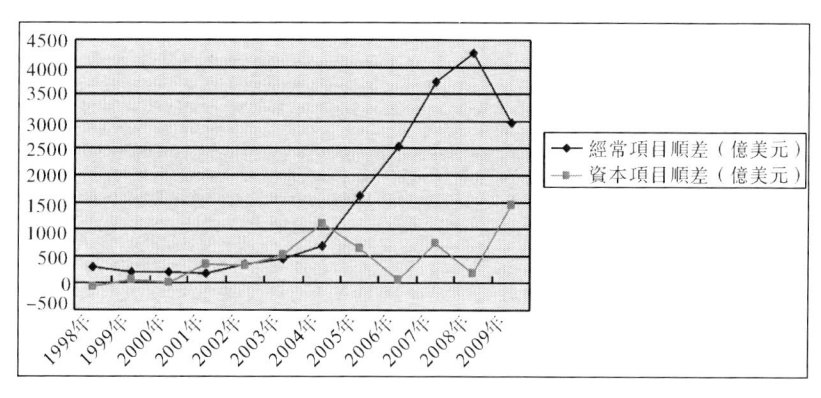

圖 4.7　中國的國際收支雙順差走勢

從圖 4.7 可以看出，資本項目的順差走勢很明顯地反應出人民幣升值的預期效應：從 2000 年開始資本項目順差開始加速上升，從 2000 年的 19.22 億美元猛增到 2001 年的 347.75 億美元，到 2004 年資本項目順差達到了 1106.6 億美元的高點，2005 年人民幣開始進入實際的升值軌道後，當年的資本項目順差回落到 629.6 億美元。根據這一特徵也可以估計，熱錢應該主要是通過資本項目流入中國的。2009 年中國的資本項目順差又一次急遽增加，同時熱錢流入又成了熱門話題。2009 年外匯儲備增加了 4531.22 億美元，當年的外貿順差（2201 億美元）加上外商對華直接投資（782 億美元）共 2983 億美元，以兩者之差大概估算的熱錢流入占了當年外匯儲備的 34%。2010 年開始，國際社會又在討論人民幣升值的話題，雖然自 2005 年人民幣匯率改革之後，人民幣已經對美元升值了 20% 左右，但是仍然有很多的人認為中期來看人民幣還要繼續升值。在人民幣升值預

期沒有徹底消失的情況下，再加上世界經濟遭受金融危機的重創，大量的投機資金充斥在國際市場，其必然將投資對象瞄準經濟發展速度較快中國市場。

大量外部資本的流入加劇了中國金融市場的動盪，也推高了中國的資產價格，加劇中國的流動性過剩。

4.4 中國流動性過剩的內因與外因——實證檢驗

通過上文的分析，我們大概可以得出這樣的判斷：中國的流動性過剩是在美元本位、全球流動性過剩的大背景下，在中國加入 WTO 深入參與全球化的過程中，在中國經濟高速增長並存在結構性缺陷的條件下產生的。僅僅憑藉上述分析，還不能斷定到底是哪種因素主要導致了中國流動性過剩，為了更加明確地認識造成流動性過剩的主要原因，本節將進行必要的實證分析。

造成流動性過剩的內因和外因，並不是要做一個非此即彼的選擇。經濟問題通常都不是簡單的關係，我們的目的主要是驗證中國的過度貨幣供給，從而流動性過剩的國內和外部因素，哪一方發揮了主要的作用，因此沒有囊括所有的影響因素。

4.4.1 變量的選取與數據平穩性檢驗

本書把導致貨幣供給增加的原因分為外部原因和內部原因，外部原因是指外匯儲備引起的貨幣供應量變化，內部原因是指央行為滿足國內經濟發展需要投放的貨幣。為檢驗外部原因和內部原因對貨幣供應量的影響，本書選取了 1990—2009 年外匯

储备即 R、經濟總量即 GDP、基礎貨幣即 BASE。[①] 上述實證分析數據源自中國人民銀行網站、中經網統計數據庫、CSMAR 系列研究數據庫（詳細數據參見附表）。為了便於分析變量間的關係，本書對數據進行了處理。首先，用 CPI 指數對三個變量進行調整，將名義變量變為真實變量。並對三個變量取自然對數得到 LNR、LNGDP、LNBASE。其次，作為時間序列數據，數據是否平穩是選取實證分析方法的基礎。對數據之間是否存在長期協整關係的檢驗也要求數據服從單整階數相同。為此，本書運用 EViews5.1 對變量的單位根進行了 ADF 檢驗。檢驗結果見表 4.3。檢驗結果說明即使將顯著性水準放寬至 10%，各變量仍存在單位根，為不平穩序列。對其一階差分進行檢驗的結果表明，變量 LNR 和 LNGDP 的一階差分在 1% 的顯著性水準下拒絕有單位根的原假設，變量 LNBASE 的一階差分在 5% 的顯著性水準下拒絕有單位根的原假設，為平穩序列。上述檢驗結果說明三個變量在 5% 的置信水準下均為服從 I（1）過程的不平穩序列。

表 4.3　　　　　　　　變量 ADF 檢驗結果

	檢驗方程類型	t 值	概率		檢驗方程類型	t 值	概率
LNR	無截距 無趨勢	5.7463	1.0000	DLNR	無截距 無趨勢	-2.5471***	0.0002
LNGDP	有截距 無趨勢	-1.1914	0.6541	DLNGDP	有截距 無趨勢	-6.4868***	0.0019
LNBASE	有截距 無趨勢	-1.2471	0.6298	DLNBASE	有截距 無趨勢	-2.1034**	0.0381

註：其中 D 表示向後一階差分，* 表示在 10% 的水準上拒絕原假設，** 在 5% 的水準上拒絕原假設，*** 在 1% 的水準上拒絕原假設。下同。

[①] 選擇基礎貨幣而不是 M_1 和 M_2，主要是因為外匯儲備直接通過外匯占款引起基礎貨幣的變化，而 M_1 和 M_2 是經過了國內銀行體系派生過了的貨幣供給，加入了其他的經濟影響因素，也許會掩蓋貨幣供給的真正原因。對 M_1 和 M_2 的詳細分析不是本書所要研究的內容。

4.4.2 實證分析

4.4.2.1 協整分析

變量的平穩性檢驗的結果表明 LNR、LNGDP、LNBASE 均為服從 I(1) 過程的不平穩序列。因此,可對這三個變量進行 Johansen 協整檢驗。由表 4.4 知,跡統計量表明,三個變量在 1% 的置信水準下存在一個協整關係,說明 3 個變量間存在一個共同趨勢和兩個隨機趨勢,這表明變量的波動從某種程度上可以經由其他變量所形成的信息集加以預測。

表 4.4　　　　變量的多元 Johansen 協整檢驗

原假設:協整方程的數量	特徵值	跡統計量	5% 的臨界值	P 值
None***	0.939,964	61.956,97	29.797,07	0
At most 1	0.454,741	11.326,43	15.494,71	0.1922
At most 2	0.022,494	0.409,52	3.841,466	0.5222

註:協整方程採取有截據項、無確定性趨勢的形式。協整檢驗之前,對無約束的 VAR(3) 模型進行了最優滯後階數的檢驗,最終預測誤差準則(FPE)和赤池信息準則(AIC)表明最優滯後階數為 2,因此協整檢驗中協整方程中選擇 1 階滯後差分。

4.4.2.2 基於 VECM 的 Granger 因果檢驗

在變量之間存在協整關係的基礎上,可以通過建立向量誤差修正模型(VECM)對其變量的關係進行分析。VECM 可以將變量的水準值與變量的差分有機結合,將變量間的長期關係和短期的波動結合在一起進行分析。假定 n 元系統只存在一個協整關係,則 VECM 方程見公式 4.1。其中 $ecm_{t-1} = \beta' x_{t-1}$ 即為誤差修正項,反應變量之間的長期均衡關係,系數向量 α 反應變量之間的均衡關係偏離長期均衡狀態時將其調整到均衡狀態的調整速度,解釋變量的滯後差分項的系數反應各變量短期波動

對被解釋變量的短期變化的影響。

$$Dx_t = \alpha ecm_{t-1} + \Gamma_1 Dx_{t-1} + \cdots + \Gamma_{k-1} Dx_{t-k+1} + \varepsilon_t \qquad (4.1)$$

由於上述三個變量在樣本期間存在 1 個協整關係，據此可以建立相應向量誤差修正模型，並進一步進行 Granger 因果分析。若變量的誤差修正項系數（即調整參數）顯著，說明該變量承擔短期向長期均衡關係調整的責任，即存在長期 Granger 因果機制；若變量的調整參數不顯著，則說明該參數對應的被解釋變量為協整向量的弱外生變量。若某一變量滯後差分項參數的聯合零約束檢驗被拒絕，說明該變量滯後項變量對被解釋變量存在短期 Granger 信息引導作用。

運用 EViews5.1 軟件分析得出了基於 VECM 的 Granger 因果性檢驗結果（見表 4.5）。

表 4.5 變量間基於向量誤差修正模型（VECM）的 Granger 因果檢驗

被解釋變量＼解釋變量	短期滯後差分的 WALDχ^2 統計量			誤差修正項 t 值
	D(LNR)	D(LNGDP)	D(LNBASE)	
D（LNR）	—	5.4513*	2.1131	1.7504**
D（LNGDP）	18.1716***	—	147.0848***	6.5814***
D（LNBASE）	25.2256***	27.7609***	—	1.9236**

註：表中最後一列給出的是檢驗對應迴歸方程中誤差修正項調整參數顯著性的 t 統計量值，檢驗的零假設是調整參數等於零，其他列給出的是滯後差分項零約束檢驗的 Waldχ^2 統計量的值，VECM 最優滯後期的確定標準為最終預測誤差準則（FPE）和赤池信息準則（AIC），最優滯後期都是 3。

檢驗結果表明：

（1）外匯儲備的調整參數顯著，說明外匯儲備在長期中承擔短期非均衡向長期均衡調整的責任。短期滯後差分項聯合零約束檢驗結果說明，外匯儲備與 GDP 存在短期互動關係，但

GDP 對外匯儲備的 Granger 信息引導作用的顯著性水準不高，只有 10%。

（2）GDP 的調整參數顯著，說明 GDP 在長期來看承擔短期非均衡向長期均衡調整的責任。短期滯後差分項聯合零約束檢驗結果說明，外匯儲備和基礎貨幣對 GDP 均具有短期 Granger 信息引導作用。

（3）基礎貨幣的調整參數顯著，說明基礎貨幣在長期來看也承擔短期非均衡向長期均衡調整的責任。短期滯後差分項聯合零約束檢驗結果說明，基礎貨幣與 GDP 具有短期互動關係，外匯儲備對 GDP 具有短期 Granger 信息引導作用。

由以上分析可知，外匯儲備、GDP 和基礎貨幣存在長期均衡關係，外匯儲備和 GDP 對基礎貨幣均具有短期 Granger 信息引導作用。因此，外匯儲備和 GDP 作為外部和內部因素解釋基礎貨幣的變動是合理的。

4.4.2.3 脈衝回應函數分析

脈衝回應函數是指當一個變量的誤差項發生一個單位的衝擊對因變量帶來的衝擊。其對應的表達式為：

$$D_q = ,\ t = 1,\ 2 \cdots T \tag{4.2}$$

其中 i 為結構式衝擊的順序，q 是衝擊作用的時間滯後間隔，描述了在其他變量和早期變量不變的條件下 $y_i,\ t+q$ 對 y_{jt} 的一個結構衝擊的反應。

為了進一步分析外匯儲備和 GDP 對基礎貨幣的影響，本書在 VECM 的基礎上建立關於基礎貨幣的脈衝回應函數。假設外匯儲備和 GDP 發生一個單位的正向結構衝擊，分析此時基礎貨幣的脈衝回應。其中滯後期選擇為十年，運用 EViews5.1 軟件進行分析可以得到圖 4.8（a）和圖 4.8（b）所示的衝擊反應軌跡，其中橫軸表示滯後期數，縱軸表示基礎貨幣（LNBASE）。實線表示基礎貨幣的脈衝回應函數，虛線表示正負兩倍標準差

的偏離帶。

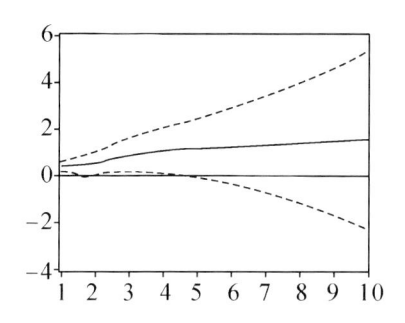

圖4.8 (a) 基礎貨幣對外匯儲備的脈衝回應

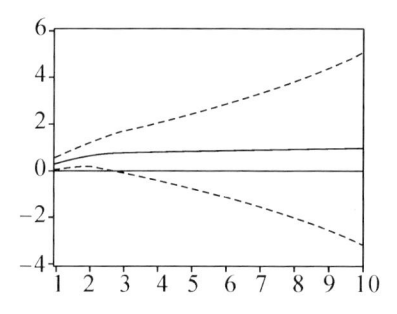

圖4.8 (b) 基礎貨幣對GDP的脈衝回應

　　從圖4.8 (a) 可見，外匯儲備面臨一個單位的結構衝擊時，將給基礎貨幣帶來正向衝擊，衝擊程度不斷上升，在第四期達到最大，最後保持穩定。這表明外匯儲備面臨外部衝擊時將給基礎貨幣帶來同向衝擊，並且衝擊的持續時間較長。從圖4.8 (b) 可見，GDP面臨一個單位的結構衝擊時，將給基礎貨幣帶來正向衝擊，衝擊程度不斷上升，在第三期達到最大，最後保持穩定。這表明GDP面臨衝擊時將給基礎貨幣帶來同向衝擊，並且衝擊的持續時間也較長。但相對而言，外匯儲備對基礎貨幣的衝擊程度要大於GDP。下面我們要進一步證明，外部原因對中國流動性過剩的影響程度大於內部原因。

4.4.2.4 方差分解

脈衝回應函數描述了一個內生變量衝擊給其他內生變量所帶來的影響。為了進一步評價外匯儲備和 GDP 的結構衝擊的作用程度，我們運用方差分解方法，分析每一個結構衝擊對基礎貨幣變化的貢獻度。相對方差貢獻率的計算公式如下：

$$RVC_{j\to i} = \frac{\sum_{q=0}^{\infty}(c_{ij}^{(q)})^2\sigma_{jj}}{var(y_{it})} = \frac{\sum_{q=0}^{\infty}(c_{ij}^{(q)})^2\sigma_{jj}}{\sum_{j=1}^{k}\{\sum_{q=0}^{\infty}(c_{ij}^{(q)})^2\sigma_{jj}\}} \quad i,j=1,2\cdots k$$

其中：$RVC_{j\to i}$ 表示第 j 個變量基於結構衝擊的方差對第 i 個變量的影響的相對方差貢獻度，$c_{ij}^{(q)}$ 是脈衝回應函數，σ_{jj} 是第 j 個變量的標準差，y_{it} 是 EVCM 模型的第 i 個變量，分子表示第 j 個結構衝擊對第 i 個變量的影響，分母表示所有變量間相互影響的總和。

運用 EViews5.1 對基礎貨幣、外匯儲備和 GDP 進行基於 VECM 的方差分解，我們得到圖 4.9（a）和圖 4.9（b），其中橫軸表示滯後期數，縱軸分別表示外匯儲備和 GDP 對基礎貨幣變化的貢獻度。[①] 在不考慮各變量自身貢獻率的條件下，外匯儲備對基礎貨幣變化的貢獻率不斷增大，最大達到 23%；GDP 對基礎貨幣變化的貢獻率相對較小，但也不斷增大，最大達到 8.4%。由此可見，外匯儲備對於中國的貨幣供給量的影響程度，要大於國內經濟發展對貨幣供給量的影響，中國的基礎貨幣供給，更多地受到外匯儲備——外匯占款的影響。外因是導致中國進入 21 世紀以來的流動性過剩的主要因素。

---

① 中結構衝擊選擇的是廣義脈衝。

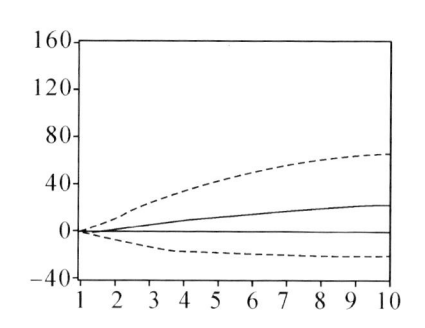

圖 4.9（a） 外匯儲備對基礎貨幣變化的貢獻度

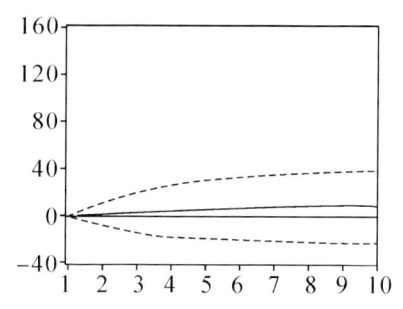

圖 4.9（b） GDP 對基礎貨幣變化的貢獻率

4.4.3 結論

利用 1990—2009 年的數據，運用協整分析、向量誤差修正模型對基礎貨幣、外匯儲備和 GDP 的長期和短期因果關係進行檢驗，並運用脈衝回應函數和方差分解技術對外匯儲備和 GDP 對基礎貨幣的衝擊程度和貢獻度做了進一步分析，本書得出以下結論：

外匯儲備和 GDP 無論在長期還是短期均與基礎貨幣存在因果關係。從長期來看，外匯儲備、GDP 和基礎貨幣承擔短期失衡向長期均衡的調整責任，說明外匯儲備和 GDP 不是基礎貨幣的弱外生變量。從短期來看，外匯儲備和 GDP 對基礎貨幣具有 Granger 信息引導作用，說明基礎貨幣的擴張一方面是為了滿足

經濟總量擴張的需要，另一方面也是外匯儲備增長引起被動增長。從外匯儲備和 GDP 的作用程度來看，外匯儲備的作用相對更大，對基礎貨幣增長的貢獻率最高達到 23%，而 GDP 最高僅能解釋基礎貨幣 8.4% 的變動。

由此可見，本書在開放經濟視角下所分析的邏輯是合理的，即：中國的貨幣供給不僅是由於國內經濟增長的需要，更有外向型經濟參與國際分工生產和國際貨幣循環的原因。尤其是進入 21 世紀之後，外匯儲備增長成為中國國內貨幣供給（流動性過剩）的重要根源，中國的流動性過剩帶有明顯的輸入性特徵。

5
國際流動性輸入中國的渠道

從第四章的理論和實證分析我們已經知道，中國進入 21 世紀以後的流動性過剩帶有明顯的輸入性特徵。那麼本章我們就專門研究全球流動性過剩背景下，國際流動性輸入中國的渠道，並在可能的情況下，大致瞭解通過各種渠道輸入中國的流動性規模到底有多大。按照本書的研究思路，中國的輸入性流動性過剩時在全球化進程中，在中國深入參與國際分工體系，在現有的牙買加國際貨幣體系的背景中發生的。因此國際流動性的輸入與中國參與全球化的方式密切相關。

5.1 中國參與全球化的方式與流動性輸入

在第 3 章中，我們分別分析了世界主要國家和地區在當今國際分工體系中的地位，作為回應和補充，將中國的國際分工地位特徵放在本節來重點分析，並尋找這種特點與流動性輸入之間的關係。

5.1.1 中國在國際分工體系中的地位

自 1978 年改革開放 30 多年以來，中國經濟發展取得了舉世矚目的成績，到 2010 年第二季度，中國的 GDP 總值已經超過日本成為第二大經濟體。國外有學者計量研究顯示，1975—2000 年，中國經濟全球化指數上升了 2.14 個百分點，這直接導致了同期中國年經濟增長率上升了 2.33 個百分點[1]。2001 年中國正式加入 WTO 後，經濟開放程度和參與國際分工生產的程度進一步加深，中國的外貿依存度也迅速上升，進出口占 GDP 的比重

---

[1] 數據轉引自袁奇. 當代國際分工格局下中國產業發展戰略研究 [D]. 西南財經大學博士論文, 2006.

從 2001 年的 39.03% 上升到 2006 年的 64.80%。2008 年中國出口占 GDP 的比重為 37.5%，在世界十大經濟體中，這一指標僅次於德國的 39.9%，由此可以看出中國經濟的出口導向型特點越來越明顯。

中國參與國際分工的主要特點歸納如下：

5.1.1.1　中國已經成為世界經濟體系中重要的經濟體

中國的經濟總量規模在迅速增大，而且中國正處於工業化中期的後半段，產業結構中第二產業所占比重最大，在工業製造業方面具備了一定的實力。中國已經成為世界第三貿易大國，在全球貿易中的地位不斷攀升，在世界進出口總額中所占的比重從 1978 年的 2.9% 提高到 2006 年的 7.2%。中國在不少重要工業產品方面已成為世界上數一數二的生產大國。2002 年中國有 80 項產品的產量處於世界第一位，包括家電製造業、通信設備、紡織、醫藥、機械設備、化工等十多個行業。中國的工業產出占世界總產出的比重由 1999 年的第 9 位上升到了 2002 年的第 4 位，但與美國、日本、德國相比，仍相對落後（見表 5.1）。而且中國第一產業比重偏高，第三產業比重偏低，這是中國二元經濟結構所獨有的特徵。

多數發達國家進入後工業化時期後經濟結構出現了比較明顯的「去工業化」趨勢，以金融、保險等為代表的服務業在經濟中的比重越來越大。而中國、韓國、巴西等國家仍然依靠製造業為主要支撐來完成工業化的進程。美國占世界製造業市場的份額在 1987—2000 年間基本保持在 11%～12%，而 2000—2005 年突然驚人地下降了 3 個百分點，從 12.1% 下降到 9%，達到戰後的最低水準，與此同時中國市場份額增加了 3 個百分點。有人認為，這種巧合絕非偶然。①

---

① 羅伯特·布倫納. 高盛的利益就是美國的利益——當前金融危機的根源[J]. 政治經濟學評論，2010（2）.

表 5.1　　　1999 年和 2002 年工業產出占世界比重
排名前十位的國家　　　　　　　　（%）

年份	日本	美國	德國	法國	英國	義大利	俄羅斯	巴西	中國	西班牙
1999	22.5	20.7	10.2	4.7	4.1	4.0	3.2	2.5	2.2	2.0
年份	美國	日本	德國	中國	法國	義大利	韓國	英國	巴西	加拿大
2002	23.3	18.1	7.9	6.6	4.7	3.5	3.3	3.2	2.2	1.9

資料來源：UNITED NATIONS INDUSTRIAL DEVELOPMENT ORGANIZATION：IndustrialDevelopment Report 2004，Vienna，2004.

5.1.1.2　中國的出口商品結構以工業製成品為主，比較優勢在垂直專業化的低品質環節

1985 年中國的出口產品中初級產品占比高達 50.6%，進入 20 世紀 90 年代以後，工業製成品成為出口產品的主體。2006 年中國的出口總額中工業製成品占 94.54%，其中機械及運輸設備占 47.10%，雜項產品、輕紡產品、橡膠製品、礦業產品及製品等都佔有較高的比重。但是我們並不能就此認為中國的產業結構升級已經成功，這種按照獨立產業分級的方法主要適用於傳統的產業間分工貿易模式。而當今國際分工已經深入到同一產業、同一產品價值鏈上具有特定要素密集度需求的各個環節。比如某種高科技產品的價值增加主要在國外完成，而最後一個組裝環節在中國完成，則產成品是從中國出口的，表現在中國出口的高科技產品金額擴大。但是顯而易見，我們不一定在這種產品的生產中具有優勢。因此需要分析中國在垂直專業化、全球外包和以跨國公司為主的直接投資生產體系中的具體角色。[1]

事實上，在產品內分工中，中國的比較優勢或者說出口競爭力仍然表現在勞動密集的加工製造環節。加工貿易出口自 1995 年以來一直超過一般貿易，成為中國第一大出口方式，且

---

[1] 本書第三章已經詳細論述了當今國際分工的新特點，參見本書 3.1.1.

基本維持在55%左右的份額，加工貿易出口已經成為支撐中國出口增長的主要方式。2005—2008年中國加工貿易出口占同期出口總額的比重分別為：54.66%、52.67%、50.71%和47.26%。2008年加工貿易的進口占比也達到33.3%。中國的「世界工廠」之名也由此而來。進出口商品的價格差異決定了產業內貿易的基本形態，如果同一產業（產品）的出口價格高於進口價格，說明該國在產業內貿易中處於高端，國際分工處於有利地位；如果出口價格低於進口價格，說明在產業內分工中處於低端的不利地位。一般來說，處於研發設計階段的國際分工狀態是國際分工的高端，處於最後組裝階段的國際分工狀態是以量求生的，處於國際分工的低端。表5.2的數據表明，中國作為世界貿易大國，在總體製造業中與G7國家相比，還處於低端的國際分工環節。

表5.2　中國與G7國家總體製造業不同貿易比重

	年份	中國	美國	日本	德國	法國	英國	加拿大	義大利
高品質	1992	0.292	0.479	0.268	0.338	0.273	0.266	0.309	0.236
	1996	0.216	0.497	0.349	0.333	0.274	0.324	0.32	0.27
	2000	0.261	0.513	0.431	0.316	0.304	0.425	0.32	0.287
	2003	0.146	0.487	0.428	0.369	0.337	0.391	0.316	0.32
水準	1992	0.288	0.315	0.323	0.632	0.643	0.64	0.487	0.507
	1996	0.315	0.354	0.288	0.636	0.608	0.596	0.524	0.482
	2000	0.203	0.322	0.247	0.638	0.606	0.452	0.561	0.517
	2003	0.186	0.322	0.253	0.58	0.573	0.541	0.516	0.5
低品質	1992	0.42	0.206	0.41	0.031	0.084	0.094	0.204	0.256
	1996	0.469	0.149	0.364	0.032	0.119	0.08	0.155	0.248
	2000	0.536	0.164	0.321	0.046	0.09	0.122	0.12	0.196
	2003	0.668	0.191	0.318	0.051	0.09	0.068	0.168	0.181

數據來源：施炳展、李坤望：中國製造業國際分工地位研究——基於產業內貿易形態的跨國比較［J］．世界經濟研究，2008（10）：3－8

5.1.1.3　中國最終產品出口市場主要依賴美國與歐洲

2008 年中國最終產品的 74.1% 出口到以美國為主的東亞區域以外的市場。美國是中國商品出口的第一大目的地，日本則是中國的第一大進口來源國。

表 5.3　2008 年中國進出口商品國別（地區）排名（前 10 位）

最終目的國（地區）	出口占比（%）	名次	原產國（地區）	進口占比（%）	名次
美國	17.64	1	日本	13.30	1
中國香港	13.33	2	韓國	9.90	2
日本	8.11	3	臺灣	9.12	3
韓國	5.17	4	中國	8.16	4
德國	4.14	5	美國	7.18	5
荷蘭	3.21	6	德國	4.93	6
英國	2.52	7	澳大利亞	3.31	7
俄羅斯聯邦	2.31	8	馬來西亞	2.83	8
新加坡	2.26	9	沙特阿拉伯	2.74	9
印度	2.21	10	巴西	2.64	10

數據來源：根據《2008 年中國海關統計年鑑》數據計算。

從表 5.3 可以看出，中國製成品的出口主要是美國、日本、歐盟等發達國家，對中國香港的出口主要是一種轉口貿易，其最終的去向仍然是發達國家市場。中國的進口來源地則主要是亞洲地區的日本、韓國和臺灣，其次是美國和德國。其中中國自己對自己的復進口也達到了巨大的規模，2008 年中國已經是自己的第四大進口來源地。按照中國海關的解釋，國貨復進口，就是指重新進口已經出口的中國產品。這其中，有因為質量問題和經濟糾紛而被退貨的產品，有國產商品由於貿易壁壘等貿易障礙原因不能順利到達目的地，需要返回國內的；有跨國公

司全球產業鏈的佈局考量，但更多的國貨復進口是和加工貿易聯繫在一起的。也就是說跨國公司將產品的最後加工環節放在中國，製成品由總公司統一在全球銷售，那麼就先形成了出口，然後中國國內市場的銷量又成為了一種進口。

5.1.1.4　中國是國際直接投資的重要吸收國，對外直接投資較少

對外直接投資也是衡量一個國家國際分工地位的重要指標。改革開放以來，中國對 FDI 一直持歡迎的態度，地方政府甚至為了吸引外資而進行瘋狂的「超國民待遇」競爭。在大量引進外國直接投資的同時，伴隨著中國企業實力的增強，近年來「走出去」的呼聲也越來越高。與日本不同，在 FDI 方面，中國始終是吸收的多，輸出的少。1992 年以來中國已經成為全世界吸引外資最多的國家之一，2002 年和 2003 年甚至超過美國成為最大的 FDI 東道國。跨國公司來中國投資的主要誘因是廉價的勞動力和中國廣闊的市場需求。在對外直接投資方面，1979—1990 年中國對外直接投資總額為 10 億美元，年均增長率僅為 9.9%；1991—2001 年，中國對外直接投資有所增長，但總額也只有 69 億美元。加入 WTO 後的五年中，中國對外直接投資從 2002 年的 27 億美元猛增至 2006 年的 176.3 億美元，但與 2006 年 865.7 億美元的 FDI 流入額相比，還是相對較少。這也是因為中國尚缺乏具有競爭實力的跨國公司，中國的比較優勢仍然不在資本和技術方面，而是在勞動力方面。

5.1.1.5　依靠要素而不是企業參與國際分工

加工貿易本質上就是足不出戶的勞動力輸出，因為在所有的要素中，勞動力的跨國流動是最難的，而資本的流動相對最容易。以「大進大出、兩頭在外」為特徵的加工貿易長期以來在中國對外貿易中佔據半壁江山，其實就是國際資本與中國的低勞動力成本之間的結合。這在一定程度上也緩解了中國的就

業壓力，同時跨國公司也分享了中國的「人口紅利」。

在當今的全球化背景下，跨國公司已經成為國際經濟領域的主力軍，產業內分工和產品內分工都是以跨國公司為載體的。而中國在廣泛參與國際分工和全球化的過程中，主要是以要素的比較優勢而不是依託企業優勢參與國際競爭。在勞動力、能源、土地等要素市場上，中國一直存在著要素價格扭曲的狀況，以壓低要素價格的方式促使投資和出口的快速增長。因此出現中國製造的產品具有國際競爭力而中國的企業沒有國際競爭力的怪現象。這種以要素直接參與國際分工的方式，必然使得中國在國際經濟利益分配格局中處於劣勢地位。

5.1.2 制度特色：實體經濟開放與貨幣領域的封閉

在實體經濟方面，中國依靠自身的比較優勢積極參與到全球化過程中來，在全球分工生產和貿易中占據了重要的地位。而中國在貨幣領域的開放程度相對較低，仍然是相對封閉的。中國在金融領域的開放實行了逐步推進、穩健第一的開放步伐。1996年12月1日起，中國實現了人民幣經常項目下的可兌換，但是至今為止資本項目中不少項目仍然是管制的。根據國際經驗，在利率沒有市場化、匯率不能靈活反應市場供求的情況下，資本項目開放會出現較大問題。經濟學家們認為資本管制是中國維護自身金融安全的最後屏障。然而資本項目的自由化應該作為中國經濟體制改革的一部分來考慮，而不應該將其作為解決短期宏觀經濟不平衡的一種手段。

事實上，近年來中國資本項目開放已經做出許多有益嘗試。在國際貨幣基金組織（IMF）劃分的43個資本交易項目中，中國已有12個項目完全可兌換，有16個項目部分開放。不過，最核心的借用外債、跨境證券投資、中資機構對外貸款和直接投資等項下，仍然實行資本管制。

隨著中國經濟實力的日益壯大,人民幣的國際化趨勢成為必然。人民幣作為支付和結算貨幣已被許多國家所接受。事實上,人民幣在東南亞的許多國家或地區已經成為硬通貨。人民幣作為結算貨幣、支付貨幣已經在這些國家中大量使用,並能夠同這些國家的貨幣自由兌換,在一定程度上說,人民幣已經成為一種事實上的區域性貨幣。據國家外匯管理局研究人員調查統計,人民幣每年跨境的流量大約有 1000 億元,在境外的存量大約是 200 億元。中國人民幣供給量(M_2)約為 20,000 億元,這意味著境外人民幣大約是人民幣總量的 1%。由此可見,人民幣已經在一定程度上被中國周邊國家或地區廣泛接受,人民幣國際化處於漸進發展的階段。

5.1.3 小結:中國的國際分工地位決定了流動性輸入的必然

從以上分析可以看出,中國目前的國際分工地位決定了特有的貿易結構:以「兩頭在外,大進大出」的加工貿易為主,在產業內分工中處於低端環節;出口市場依賴發達國家的歐美市場。從貿易途徑來說,中國向發達國家出口實物製成品,獲得以美元或歐元為主的外匯,然後這些外匯又轉而去購買美國的國債等金融產品。而且近年來中國的貿易順差不斷擴大,已經成為當今美元環流體系中重要的「貿易帳戶」國家。全球經濟失衡是由於中心國在金融市場上的比較優勢以及外圍國在產品市場上的比較優勢而導致的儲蓄—投資缺口。美國過度消費和外圍國儲蓄過剩的情況下互為補充,形成了共生的雙贏格局。[①] 此外,在 FDI 方面,中國也是以吸收為主,對外投資規模還較小,因此,FDI 也成為國際資本和流動性輸入中國的一條重

---

① 胡暉、張自如. 全球經濟失衡理論研究述評 [J]. 經濟學動態, 2006 (11): 68 - 71.

要途徑。可見，出口導向和吸引外資的發展戰略，就好像兩個吸管，決定了國際資本和貨幣必然會源源不斷地輸入中國經濟體。

另一方面，由於中國資本和金融項目相對封閉，人民幣國際化的程度很低，中國的流動性缺乏輸出的渠道，輸入的流動性只能在中國經濟體內不斷地膨脹，必然會給中國經濟帶來巨大的影響。

5.2 流動性輸入的實體經濟視角——貿易與 FDI

前文已經討論過，當今國際貨幣主要是以美元為本位貨幣，當然歐元也成為重要的國際貨幣。G5 國家連續幾年的寬鬆貨幣政策使得全球意義上的貨幣流動性泛濫，在這樣的大環境下，中國作為世界工廠和重要的 FDI 東道國，成為全球流動性的輸入窪地。本節我們專門從貿易和利用外資方面來分析流動性的輸入問題。這裡暫時不考慮以貿易和 FDI 為掩蓋的熱錢流入，假定貿易和 FDI 都是出於真實的實體經濟投資動機，而不是短期的炒作遊資，關於熱錢的輸入問題下節再單獨分析。

5.2.1 貿易渠道的流動性輸入

在出口導向型的發展戰略下，中國的經常項目順差在 2001 年以後迅速擴大，經常項目順差從 2000 年的 205.2 億美元增長到 2008 年的 4261.1 億美元，8 年增長了 20 倍。隨著貿易順差的不斷擴大，中國的外匯儲備也迅速攀升，外匯儲備從 2000 年的 1655.74 億美元增加到 2009 年的 23,991.52 億美元，9 年增長了 14 倍。即使在 2005 年以來人民幣升值和 2007 年以來金融

危機的影響下，中國的貿易順差和外匯儲備的攀升之勢也依然不減。2009 年中國出口受到了國際金融危機的衝擊而下降，當年經常項目順差為 2971 億美元。其中的原因可以從本書的分析中找到。因為中國在國際分工體系中處於加工製造的低端環節，大進大出的貿易戰略，決定了中國的出口和進口商品都缺乏彈性，匯率對貿易狀況的影響程度有限。

美國是中國第一大出口目的國，2008 年中國對美國的貿易順差達到 1710 億美元，占中國當年總貿易順差的 49%。美國對中國的逆差是美國貿易帳戶失衡的重要部分。由於美元在國際貨幣體系中的主體地位，當今國際貿易和國際金融產品的計價依然是以美元為主，重要的資源如石油、銅等也是以美元計價。在世界市場已經轉變為買方市場的背景下，中國企業的對外出口定價幣種，也主要以美元、歐元、英鎊等為主。這樣一來，人民幣相對於這些國際貨幣的升值，就使得中國的出口企業承受著巨大的匯率風險，從而遭受實際的損失。

在第一章和第四章中我們已經瞭解到，G5 經濟體[①]的 GDP 總額占到了世界 GDP 的 2/3 以上，因此很多學者用 G5 的貨幣供給量來代表全球貨幣供給，而且也證明了 2001 年以後全球貨幣流動性呈現過剩的狀態。從貿易渠道來看，中國對 G5 經濟體的出口占中國出口總額的 44% 以上，而中國的進口來源地則是亞洲國家和地區居前，可見在中國通過貿易渠道吸收了 G5 國家的龐大流動性，用商品和要素（凝結在商品中）換來美元、歐元、英鎊等國際流動性。在當前中國的外匯管理體制下，這些貿易順差又通過結匯而轉化成中央銀行的外匯資產，中央銀行用於購買外匯而投入了相應的基礎貨幣，輸入的流動性就轉化成本幣的大量投放。2009 年中國的經常項目順差占外匯儲備增量的

---

① G5 是指這五個經濟體：美國、歐元區、日本、英國和加拿大。

66%，可見貿易渠道是中國輸入流動性的主要方式。

我們利用外匯衝銷干預指數＝外匯占款增長率/M_1增長率來考察央行外匯衝銷的實際力度，中國的外匯衝銷干預指數2003年為2.68，2004年和2005年一直維持在3.74和3.00的高位。[1] 根據國際經驗，該指數正常值介於0.5～1.5之間，表明中國的央行承受了過高的貨幣衝銷壓力。

5.2.2 外國直接投資（FDI）渠道的流動性輸入

事實上在當今以跨國公司為載體的國際分工生產體系中，國際貿易與國際直接投資已經是一個硬幣的兩面。FDI如果是以綠地投資的形式進入中國，就會直接形成外資企業，即使是以併購的方式進入中國，也會改變企業的所有權結構。外商投資企業的生產鏈在全球延伸，因此其外向型的性質更加明顯。從2005年開始，外商直接投資企業創造的貿易順差所占的比例一直保持在50%以上，並且有不斷上升的趨勢。

中國長期以來對外國直接投資（FDI）持歡迎態度，能否成功地吸收FDI也成為各級地方政府官員政績考核的重要指標之一。從1993年開始，中國成為引進FDI最多的發展中國家；加入WTO後利用外資的規模還在不斷增加，並在2003年首次超過美國，利用外資達到535.05億美元，成為世界上利用外資最多的國家。2008年中國利用外資達923.95億美元，比2007年增長了23.6%。

從2001年開始，以FDI為主體的「資本和金融項目」順差超過了經常項目順差，成為中國國際收支順差的主體部分，一直到2005年人民幣開始升值以後，這種狀況才發生改變。在直接投資領域，2004年之前中國也基本上是「獎入限出」的，

---

[1] 謝海林. 中國以央行票據為工具的衝銷干預研究 [J]. 現代商貿工業，2009（11）：151.

2009 年外國在中國的直接投資為 900.33 億美元，而中國對外國的直接投資雖表現出色也僅僅為 480 億美元①。雖然「走出去」的呼聲在近些年逐漸高漲，但是中國企業真正能夠在國際市場上具有競爭力的，還是鳳毛麟角，吸收 FDI 的規模遠遠大於對外直接投資的規模。

中國吸收外國直接投資的來源地主要是亞洲經濟體，而美國的 FDI 則主要來自於歐洲和日本。2009 年，對華投資前十位國家/地區（以實際投入外資金額計）依次為：中國香港地區（539.93 億美元）、臺灣（65.63 億美元）、日本（41.17 億美元）、新加坡（38.86 億美元）、美國（35.76 億美元）、韓國（27.03 億美元）、英國（14.69 億美元）、德國（12.27 億美元）、中國澳門（10 億美元）和加拿大（9.59 億美元），前十位國家/地區實際投入外資金額占全國實際使用外資金額的 88.3%。從產業結構來看，FDI 主要流向了製造業，特別是勞動密集的生產環節。

外部資本通過 FDI 渠道流入中國，一方面增加了國內資本存量，另一方面也對國內的投資存在擠出效應，加劇國內儲蓄過剩的局面。FDI 對於國內流動性的效應表現在兩個方面：首先，資本的輸入伴隨著貨幣流動性的輸入，投資在結匯以後形成相應的本幣投放；其次，FDI 形成生產能力，外資企業的大部分產品用於出口，就帶來了更多後續的外匯流入。跨國公司海外附屬機構反向母國的出口，實際上相當於跨國公司自己生產的產品銷售給自己的公司，屬於公司內部交易，儘管它在位於不同國家的附屬機構生產。而現行的貿易統計體系卻將這種公司內部交易記錄到跨國公司東道國的帳下，從而誇大了東道國的出口。更普遍的是外資企業在中國加工生產的同時伴隨著半

---

① 數據來源：中國國家外匯管理局網站，各年國際收支平衡表。

成品的進口，人民幣升值可以降低中間產品進口的價格，以至於人民幣匯率升值並不能對中國的貿易順差帶來明顯的改變。

5.2.3 小結

本節我們承接上文的分析思路，從實體經濟的角度來討論全球化過程中貿易和直接投資帶來的流動性輸入問題。由於中國在現行國際分工體系中的地位，決定了中國的企業參與國際分工主要的比較優勢仍然在勞動密集型的低端環節。中國實質上是利用資源和要素來換取國際貨幣流動性。同時，國內金融體系的落後和低效率，導致了國內的儲蓄過剩，中國除了政府直接投資以外，不得不倚靠引進外資來發展經濟。FDI 的流入，一定程度上加劇了國內儲蓄過剩的局面，而外資企業又利用其高效率生產將中國的資源通過出口輸出到國外，同時輸入國際流動性。我們知道，中國的對外直接投資規模非常小，所以在 FDI 這個方面來說，中國仍然像一個蓄水池，吸收國際流動性，而流出的很少。

5.3 流動性輸入的金融視角——國際短期資本的流入

從金融角度來說流動性輸入的方式主要有外債、合格境內資金投資者（QFII）等，不過中國近年來的外債規模變化不大，QFII 的規模也相對較小。因此我們重點分析「熱錢」的流入問題。

自 1997 年東亞金融危機之後，短期國際資本流動逐漸受到重視。經濟學家們發現，金融危機並不總是與宏觀經濟基本面相關，短期內國際資本流動的突然逆轉可能會帶來「資本帳戶危機」。很多人認為，中國之所以能在亞洲金融危機中獨善其

身，主要歸功於嚴格的資本帳戶管制。但是也有學者（王世華，何帆，2007）[①] 認為，資本管制的作用只是給政府贏得時間，並不能從根本上防止危機的爆發。此外，建議加強資本管制的觀點也沒有考慮到金融全球化對資本管制的衝擊。由於全球金融體系缺乏完善有效的監管，處於國際貨幣體系中心的經濟體和處於外圍的經濟體地位明顯不平等，所以很多開放的小國經濟面對洶湧的國際資本流動幾乎是束手無策。而中國雖然在經濟總量上是大國，而在貨幣金融領域卻是個「小國」。

中國的資本帳戶對外開放是採取循序漸進的方式，始終注重風險的監管和控制，避免因為過快的開放而引發風險。自從2001年中國加入WTO以後，放鬆資本帳戶管制的措施不斷出現，2002年11月QFII制度的實行，標誌著中國資本市場由服務開放走向資本開放的重要一步；2006年4月中國又實行了QDII制度，中國資本市場開放程度進一步擴大。中國股市與歐美股市的聯動效應也正在逐漸增強。但是這些只是中國資本帳戶間接開放的措施，國際資本流入和流出中國仍然要受到比較嚴格的限制。雖然中國實行了較為嚴格的資本管制政策，但是很多跡象表明，資本仍然有可能繞開管制大規模地流入和流出中國。東亞金融危機爆發之後曾經出現過大量資本外逃。2002年之後，由於人民幣國內利率和美日等低利率政策的差異，特別是人民幣升值預期的加強，國際短期資本流入中國的問題逐漸被人們關注。關於「熱錢」的話題成為最近幾年來中國經濟領域的一個熱門話題。

5.3.1 熱錢的界定與流入的規模

由於短期國際資本的流動性和敏感性，人們又將它稱之為

---

① 王世華，何帆. 中國的短期國際資本流動：現狀、流動途徑和影響因素[J]. 世界經濟，2007（7）：12-19.

「熱錢」（HotMoney）。關於熱錢的定義有不同的解釋，不論這些定義的範圍如何，學術界一致認為熱錢具有高度的流動性和敏感性（或者說易變性）。何澤榮、徐豔（2004）[1] 給出的熱錢定義為：「在國際金融市場上對各種經濟金融信息極為敏感的、以高收益為目的、但同時承擔高風險的、具有高度流動性的短期投機資金。」在亞洲金融危機以後，國內學者們對中國的資本跨境流動問題高度關注。1982 年跨境資本流動總額占中國 GDP 的比率約為19%，而 2006 年占 GDP 的比率已達127%（王世華、何帆，2007）。中國的跨境短期資本流動狀況先是經歷了「資本外逃」，然後轉為大規模的熱錢流入。鑒於本論文關注的是流動性的國際輸入問題，我們重點分析 21 世紀以後的中國熱錢流入問題。

關於中國的熱錢流入問題，最受關注的是哪些時段有熱錢流入，熱錢流入的規模到底有多大？雖然要精確計算熱錢的流入規模幾乎是不可能的，但是用合適的方法對其進行估計是必要的。對於熱錢規模的測算口徑，主要有以下幾種：

熱錢規模的測算方法有的基於國際收支平衡表，有的基於海關數據。國內學者常用的測度方法有：

（1）用淨誤差與遺漏項目數值代表熱錢。中國的國際收支平衡表由四大項目構成：經常項目、資本與金融項目、儲備資產以及淨誤差與遺漏。根據會計恒等式有：淨誤差與遺漏 = 儲備資產 − 經常項目 − 資本與金融項目。國際收支平衡表中的「淨誤差與遺漏」項目反應了沒有被官方記錄的資本流動狀況，有人直接用該項目的數據來衡量資本的流出與流入，如果該項目為負，說明存在資本外逃，該項目為正就說明存在熱錢流入。此種方法可以粗略判斷熱錢是流入還是流出的方向，但是忽略

---

[1] 何澤榮、徐豔，論國際熱錢［J］. 財經科學，2004（2）：87 − 90.

了隱藏在經常項目和跨境證券投資的因素，容易低估熱錢的規模。

（2）國家統計局的官方統計方法，公式為：熱錢＝外匯儲備增加額－FDI－貿易順差。這種方法仍然是假設FDI和貿易都是真實的，因此沒有考慮在這兩種方式下隱藏的熱錢，而且FDI中有相當部分是非貨幣投資，並不引起外匯儲備的增加，因此，這種方法也容易低估熱錢的規模，不過此方法還是能夠有效地反應熱錢的流動方向和波動趨勢。

（3）Claessens&Naude（1993）提出三種遊資測算方法，其中最寬的衡量口徑「遊資1法」的模型是：短期國際資本流入額＝經常項目下投資收益貸方餘額＋資本和金融項目下證券投資貸方餘額＋資本和金融項目下其他中短期投資貸方餘額＋淨誤差與遺漏項目貸方餘額[1]。張誼浩等（2007）利用此模型對中國1996—2005年的熱錢規模進行了測算，證明在此期間中國的熱錢流入呈現出增長態勢：1996—2001年為平穩增長階段，2002—2005年為快速增長階段。但是此模型的遊資口徑過於寬泛，可能誇大了熱錢的規模。亞洲金融危機期間以及隨後的一段時間，美國的利率水準高於中國的利率水準，中國一度存在資本外逃的局面，大量的資本流出中國，遊資流入持續增長的結論令人質疑。

（4）其他修正的方法。尹宇明、陶海波（2004）[2]從熱錢流入的渠道入手，估算了中國2002—2004年的熱錢規模，但是仍然無法估計貿易渠道掩蓋的熱錢流入。張明、徐以升

---

[1] CLAESSENS S, NAUDE D. Recent Estimates of Capital Flight: A Philippine Case Study [R]. Policy Recent Working Paper Series, 1993 (1186): 1-54.

[2] 尹宇明、陶海波. 熱錢規模及其影響 [J]. 財經科學, 2005 (6): 131-137.

(2008)[①]試圖將貿易和 FDI 渠道的熱錢流入計算進來,並且還考慮到了熱錢在中國取得的收益。他們測算的結果為:2003—2008 年第一季度流入中國的熱錢合計 1.20 萬億美元,熱錢利潤合計 0.55 萬億美元,二者之和為 1.75 萬億美元,約為 2008 年 3 月底中國外匯儲備存量的 104%。不過他們對熱錢的定義進行了擴展,他們測算的熱錢不僅僅包括短期國際資本,也包括「長期投機性資金」。例如,把外商投資企業的未匯回利潤及折舊也視為熱錢。因此,用「非合意資本流入」(Unwanted Capital Flow)來替代熱錢概念。用這種方法測算的熱錢規模驚人龐大,也引起了眾多的懷疑。[②]

(5)國家外匯管理局的最新算法。2011 年 2 月 17 日,國家外匯管理局發布《2010 年中國跨境資金流動監測報告》,首次披露了「熱錢」官方估算數據。外管局對於熱錢的估算採取了間接測算法,在國家統計局傳統方法的基礎上,對外匯儲備的增量和一些扣減項目進行了調整。除了貿易順差和 FDI 以外,還扣除了中國企業境外投資收益和境外上市融資,將人民幣跨境直接支付的金額從外熱錢流動規模中扣除。可見此方法的熱錢測算口徑比第(2)種方法的還要小些。

表 5.4 給出了外管局測算的 2001—2010 年期間中國的熱錢規模。由此大致可以對中國的「熱錢」流動進行判斷:2003 年和 2004 年人民幣升值預期逐漸增加的背景下,大量的國際短期資本流入中國,並在 2004 年達到峰值 768 億美元;2005 年人民幣升值以後,熱錢流入放緩,2006 年獲利資金部分流出中國;2007 年和 2010 年隨著國際金融危機爆發,美國、日本等國家紛

[①] 張明、徐以升. 全口徑測算當前中國的熱錢規模[J]. 當代亞太,2008(4):126-142.
[②] 李揚對張明、徐以升的測算結果表示質疑,參見田俊榮. 半年金融數據怎麼看:中國社科院金融研究所所長李揚的解讀[N]. 人民日報,2008-07-28.

紛實行量化寬鬆的貨幣政策，世界貨幣供給再一次急遽增長，人民幣升值的預期始終沒有消失，因此，又有大量的熱錢流進中國。外匯管理局當然，這種估算熱錢的方法會低估熱錢規模，不過大致趨勢還是可以有效地進行判斷。通過測算的熱錢與同期淨誤差與遺漏項目的比較，我們可以發現，這兩種方法在判斷熱錢進出的方向上基本一致。但是僅僅用淨誤差與遺漏項目代表熱錢的規模，其低估的程度會更大。

而且，從表5.4的估計結果也可以看出，熱錢在中國已經形成了「快進快出」的易變特徵。一旦人民幣升值預期消失，熱錢的流動就會發生逆轉，對中國的貨幣政策和宏觀經濟、資本市場帶來一定的干擾。

表5.4　2001—2010年中國的「熱錢」流動淨額估算

單位：億美元

	外貿順差①	直接投資淨流入②	境外投資收益③	境外上市融資④	前四項合計⑤=①+②+③+④	外匯儲備增量⑥	「熱錢」流動淨額⑦=⑥-⑤
2001	225	398	91	9	723	466	-257
2002	304	500	77	23	905	742	-163
2003	255	507	148	65	974	1377	403
2004	321	551	185	78	1136	1904	768
2005	1021	481	356	206	2063	2526	463
2006	1775	454	503	394	3126	2853	-273
2007	2643	499	762	127	4032	4609	577
2008	2981	505	925	46	4457	4783	326
2009	1957	422	994	157	3530	3821	291
2010	1831	467	1289	354	3941	4696	755
合計	13313	4785	5330	1459	24,887	27,777	2890

此表數據來自於中國國家外匯管理局《2010年中國跨境資金流動監測報告》。

5.3.2 熱錢流入中國的渠道

關於國際熱錢流入中國的渠道，也是備受關注的一個問題。概括起來熱錢流入主要是四個渠道：

5.3.2.1 虛假的貿易順差

相關的歷年統計數據顯示，2005年到2007年中國出口總額比2004年出口總額分別僅增長了0.2、0.6和1.1倍，但是相應的貿易順差卻分別增長了2.2、4.5和7.2倍。而由於占中國六成左右的外資出口產能並沒有發生明顯變化，貿易順差的劇增表明，中國從2004年以來的出口包含了相當分量的「虛假」成份。熱錢利用貿易渠道流入中國主要表現為：一是通過與境外關聯公司簽訂虛假貿易合同，向境內輸入無實際成交貨物的貨款或預付款；二是通過高報出口產品價格，低報進口產品價格，甚至國貨復進口，將超出貨款的部分用於國內投機活動。相比較而言，利用進口低報比出口高報的方式更加便利熱錢的流入，因為出口高報得到的是美元，還需要結匯；而利用進口低報的話，投機資本可以直接在境內擁有人民幣不用結匯。三是有一些企業或投機者利用外貿監管的漏洞轉移熱錢。比如，仲介機構註冊多家虛假外貿企業，獲得外管局提供的出口收匯與進口付匯的核銷單，然後出售給沒有進出口權的企業與個人，外匯核銷單的申領失控與倒賣，造成了虛假貿易以及相應的熱錢流入。這些渠道的特點在於：利用外貿監管部門（主要是海關）在貿易合同審核以及商品估價中的信息不對稱，成功的機率較高。

在貿易方面，已經有較為成熟的方法來驗證其水分。合規的國際商品交易在貿易雙邊經濟體的海關統計數據應該一致，但確實可以利用實際操作中的某些漏洞實現進出口偽報，並造成海關統計數據差別。剔除統計口徑誤差，貿易夥伴官方統計

數據的差額可以作為進出口偽報的估算依據，並且已經成為研究資本外逃的國際慣例。陳勇（2008）[1]估算了中國內地與中國香港之間的貿易偽報的規模，出口高報和進口低報的累計虛假貿易合計，2000年到2002年是226億美元、290億美元、435億美元。2003年到2007年分別加速上升到700億美元、977億美元、1226億美元、1565億美元、1871億美元。雖然由於統計誤差，並不能由此判斷貿易渠道流入的熱錢規模到底有多大，但是可以看出2000年以來，越來越多的熱錢正通過貿易渠道流入中國。

5.3.2.2 虛假的外商直接投資

在上一節中我們分析了外商直接投資是國際流動性輸入中國的一個重要渠道。傳統觀點認為，FDI流入的資本應該具有長期投資的性質，但是最近這些年來，FDI流入中有相當部分並不是基於實體經濟的跨國投資或生產，大量的短期國際投機資本也以FDI的名義流入中國。除了新的FDI資本流入，既有的外商投資企業在原有註冊資金基礎上，以「擴大生產規模」、「增加投資項目」等理由申請增資，資金進來後實則遊走他處套利；在結匯套利以後要撤出時，只需另尋借口撤銷原項目合同，這樣熱錢的進出都很容易。

不過隱藏在FDI中的熱錢規模到底有多大，這是一個困難的問題。國內學者們嘗試用各種方法去估計FDI中的熱錢規模，取得了初步的成果。尹宇明、陶海波（2005）的估算方法是，選取了四個影響FDI流入量的指標，使用OLS法建立多元線性迴歸模型擬合FDI正常流入量，並將FDI流入量的實際值減去

---

[1] 陳勇. FDI和貿易順差中存在熱錢的幾個端倪［N］. 第一財經日報，2008－07－07.

模型的預測值得到 1990—2004 年的熱錢規模。張明、徐以升 (2008)① 將傳統計算公式中的三項指標重新進行調整，在測算隱藏在 FDI 中的熱錢時，未對具體數值進行計算，而是假定 FDI 流入均為真實值，但把 FDI 未匯出利潤及折舊視為熱錢。許滌龍、侯鵬 (2009)② 運用嶺迴歸模型對 2005—2007 年 FDI 正常流入量進行測算，然後將之與異常年份中 FDI 的實際流入量做比較，即得 FDI 流入量中的熱錢值。他們得到 FDI 流入量中熱錢的數量分別為 166 億美元、79 億美元、602 億美元。不論運用哪種估算方法，至少有一點是可以達成共識的，即在全球流動性過剩、人民幣升值的背景下，中國吸收的外商直接投資資本中，隱藏著大量的短期投機資本。

5.3.2.3 地下錢莊

比如說像廣東很多地方都有地下錢莊，個人資金跨境轉移有很多是通過地下錢莊，當然也包括熱錢。雖然人民幣不可自由兌換，但是港元可以自由兌換，而境外資金通過港元與人民幣之間也在某種程度上可以兌換。地下錢莊同時在香港和內地設立網點，就可以實現便捷的跨境資金轉移。

5.3.2.4 個人匯款

海外華僑對國內親屬匯款被稱之為贍家款，這幾年這個數字大幅增加。此間真正用於「贍家」用途的款項堪疑，相當多的熱錢是通過這種渠道進來炒股、買房。

5.3.3 影響熱錢流入的因素分析

關於短期國際資本流入問題，以利率平價理論（Interest

---

① 張明，徐以升. 全口徑測算當前中國的熱錢規模 [J]. 當代亞太，2008 (4): 126 - 142.
② 許滌龍、侯鵬. 中國 FDI 流入量中熱錢規模的估算 [J]. 經濟問題，2009 (6): 38 - 42.

Rate Parity）為基礎的拓展模型（Mundell，1962；Fleming，1962）能夠在一定條件下做出很好的解釋：假定資本流動具有不完全性，套利資本供給具有有限性，國內外利率差會引起有限的資本流動；同時，假設套利者是風險厭惡者，需要獲得一定的額外報酬才願意持有風險資產，即流入國內的資本量是本幣計價資產所提供的風險報酬的增函數，而資本流出量則是本幣計價資產所提供的風險報酬的減函數；最後，假定面臨重大的宏觀經濟政策變動時，市場預期匯率升（貶）值率給定，即匯率預期是靜態的。在這些假設前提下，可用利率平價方程式（5.1）代替一般的無拋補利率平價方程式，即有：

$$rd = rf + \Delta Ee + \rho \tag{5.1}$$

其中，rd 表示國內利率，rf 表示國外利率，ΔEe 表示靜態的匯率預期，ρ 表示流入國內的套利資本所要求的風險報酬。在實行資本管制的國家，政策風險是套利資本面臨的主要風險，唯有在資本輸入國資產所提供的風險報酬足以彌補套利資本流入可能承擔的交易成本時和政策風險，套利資本的流入才可能發生。由此可見，國內外利率差異、人民幣升值的預期、和國內資本市場回報率應該是決定熱錢流入中國的主要因素。

從圖 5.1 看出，2002—2004 年期間以及 2008 年以來，美元的利率低於人民幣利率，這就引起了資本基於「套利」的動機流入中國。同時人民幣的匯率升值壓力和升值預期日趨明顯，國際資本基於「套匯」動機也流入中國。另外，2002 年以後由於內外充足的流動性充斥於市場，中國的房地產、股票等資產價格也開始迅速上升，中國的資本市場投資回報率提高，並且在全球化的背景下，投資資本在全球市場上配置比在一個國家內部的投資組合更有利於控制風險。因此，各種因素發揮作用致使熱錢大規模流入中國。

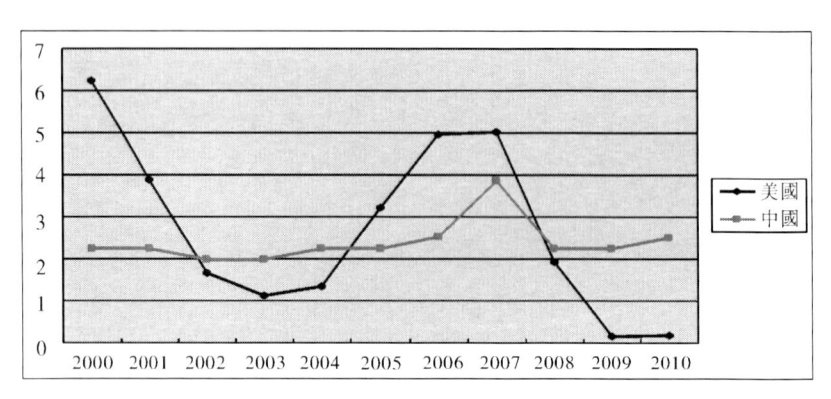

图 5.1 美國與中國一年期銀行利率的走勢

數據來源：中國人民銀行網站、美聯儲網站

5.3.4 熱錢流入給中國經濟帶來的影響

以短期投機為動機的熱錢本身具有快進快出的易變性，熱錢給一國經濟帶來的危害在亞洲金融危機中已經被人們領略。泰國在 1997 年前奉行高利率政策，大量「熱錢」湧入；泰銖貶值後，「熱錢」迅速逃逸，使泰國的經濟大廈轟然倒塌。大量的熱錢流入中國，一般會以幾種形式存在：

（1）流入股票市場。中國 A 股市場在 2005 年開始進入一輪牛市行情，此後迅速上升到 2007 年的頂峰，熱錢投入股票市場賺取較高的投資回報率。QFII 雖然在中國股市的規模不大，但是確實是不可忽視的重要投資力量，其風向標的示範效用較強。2002 年，中國推出 QFII 制度，允許符合條件的境外專業投資機構經核准投資中國境內人民幣計價的股票和債券。此後，QFII 項下資金流入快速增長。截至 2010 年底，外匯局共批准 97 家 QFII 機構共計 197 億美元的境內證券投資額度。同期，QFII 機構累計匯入投資資金 184 億美元，累計匯出資金（均為收益，

無投資本金的匯出）30 億美元，累計淨匯入資金 154 億美元。①

（2）流入房地產市場。一部分熱錢進入中國後投資買房地產，吹大了中國商品房市場的泡沫。上文的分析中也已經說明，中國商品房價格的上漲，其推動力量之一就有熱錢的身影。近年來外商來華直接投資主要集中在製造業和房地產業。據商務部統計，從 2001—2010 年，房地產業的來華直接投資占外資流入總量的比例基本保持在 10% 以上，2006 年以後占比提高，2010 年達到 23%，其投資以現匯為主並基本結成人民幣使用。

（3）即使流入中國的熱錢不進行任何國內投資，只是賺取中美利率差異和人民幣升值的回報就已經相當可觀。因此，熱錢也可能以銀行存款或者其他形式而存在。

（4）近兩年由於國內熱錢在樓市、股市中不能獲得足夠利潤，便開始對農產品進行瘋狂炒作，引起了多種農產品非正常漲價。遊資對於綠豆、大蒜、生姜等農產品的炒作，也有熱錢的參與。

熱錢的流入首先帶來資產價格的上漲和泡沫；其次，熱錢對某些物資的炒作擾亂了正常的經濟秩序；最後，熱錢的流入和發生逆轉的風險越來越大。一旦人民幣升值結束，中國國內的利率低於國際利率，熱錢勢必會迅速流出，這樣會給中國的金融體系帶來動盪和衝擊。

5.3.5 小結

有研究發現，2002—2004 年境外投機性資金流入的主要渠道是資本和金融項目，2005—2006 年，虛假貿易成為境外投機性資金流入中國的主要渠道。德意志銀行於 2008 年發布了由經濟學家 Michael Pettis 撰寫的報告，他也對國際熱錢流入中國的

---

① 數據來自於國家外匯管理局《2010 年中國跨境資金流動監測報告》。

渠道進行了分析，他認為，約有50%的熱錢是以外商直接投資（FDI）的形式進入中國的，數量往往超過中國官方實際批准的金額；約有20%的熱錢是通過進口少開具發票或者出口超額開具發票的方式流入的；其餘熱錢則通過各種各樣的暗道進入。在2011年2月國家外匯管理局公布的《2010年中國跨境資金流動監測報告》中指出，2001—2010年，資本和金融帳戶形成的資本淨流入累計7030億美元，直接投資是主體，占資本淨流入總額的98%。在全球流動性過剩，金融全球化的今天，國際短期投機資本充斥在國際金融市場，對信息和各國的利率、匯率、投資回報率非常敏感，反應迅速，即使像中國這樣資本項目開放程度低的國家，也難以在洶湧的熱錢衝擊中幸免。

6
化解中國的流動性過剩

當 2005 年以後人們逐漸開始認識到流動性過剩的麻煩，進而討論如何應對種種由於流動性過剩而帶來的難題時，以次貸危機為開端的金融危機爆發了。隨後美國和國際金融市場上似乎出現了流動性的逆轉。這時為了幫助經濟復甦，「量化寬鬆」的字眼又成了實踐和理論的熱門，仿佛流動性過剩已經過去了。其實經濟學常識告訴我們，全球範圍的量化寬鬆和經濟刺激政策，必然埋藏著更嚴重的流動性過剩隱患。尤其是對於中國來說，金融危機並沒有直接在中國爆發，因此中國的國內市場並沒有經歷過瞬時的、明顯的流動性逆轉，流動性過剩從來沒有消失過。只不過國際流動性輸入的壓力在危機時暫時得到緩解，由此帶來的一系列難題「症狀」沒有那麼嚴重了。但是 2010 年開始，中國的流動性過剩問題又再次露出端倪：人民幣升值的呼聲再次響起；國際收支順差仍在快速增長；通貨膨脹率上升；農產品價格被接連炒作；在房地產價格受到強行壓抑的條件下，股票市場開始復甦。等等跡象表明，流動性過剩又一次開始困擾中國經濟。

本書的分析視角是站在全球化的開放角度，重點關注流動性輸入中國的問題，但是並不否認中國本身貨幣發行過量也是造成流動性過剩的原因之一。因此，本章試圖尋找化解中國流動性過剩的途徑，並延續論文的一貫視角，重點分析如何化解國際流動性的輸入問題。

6.1 流動性過剩對中國經濟的危害

在前面的章節中我們已經看到，因為流動性過剩，中國經濟表現出一些不穩定的症狀，比如，資產價格泡沫、通貨膨脹

等。在世界經濟衰退、外圍市場不確定性因素加大的背景下，中國經濟既要面對需求不足抵抗衰退，又要面對流動性過剩帶來的種種問題。這對於中國政府的宏觀調控帶來了前所未有的挑戰。我們在這裡先來分析一下後危機時代流動性過剩對中國經濟的危害。

6.1.1 流動性過剩迫使中國走向經濟泡沫化的邊緣

過多的貨幣追逐有限的資產和實物，必然會帶來一些投資品甚至重要物資的價格泡沫，還有接下來的通貨膨脹。中國的金融市場還不發達，可供投資的金融資產品種少，中國的資產價格主要是指股票和房地產價格，另外過多的貨幣還有可能去炒作一些重要物資和農產品。

在 2005—2007 年期間，中國的資產價格開始出現泡沫，表現為股票市場和房地產市場的過度繁榮。據《金融時報》2007 年 8 月 27 日報導，由於股市的火爆，中國內地上市公司當年上半年一半的利潤增長來源於股市。摩根斯坦利證券分析師 Jerry Lou 表示，在已經公布 2007 年業績的上市公司中，2/3 的公司利潤增長平均達到 71%，然而其中來自核心業務的增長僅有 35%。他說：「我認為市場並沒有真正的增值，超過一半的收入增長僅是一次性的事情。」摩根斯坦利數據顯示，2006 年中國內地上市公司的非營運收入僅占 13%，而 2007 年上半年已經上漲至 31%。這相對於一些較成熟的股票市場是不正常的。

在第四章中我們已經描述了中國的房地產價格泡沫問題，儘管從 2008 年開始有金融危機、汶川地震等事件的影響，但是中國的房地產價格並沒有明顯的回落，2009 年仍然快速上漲。2010 年國家針對高房價而採取了一系列的調控干預措施，房地產市場也僅僅出現了交易量增長緩慢地變化，價格卻仍在高位增長。2010 年 1 月至 6 月，商品房銷售額 19,819.85 億元，同

比增長25.4%；商品住宅平均銷售價格為4759.67元/平方米，同比增長6.73%。有29個地區商品房銷售價格有不同程度的提高，有6個地區商品房銷售價格增幅超過25%，有2個地區商品房價格有不同程度的下降，為湖北和西藏，同比分別下降4.11%和20.15%。國家統計局數據顯示，2010年6月份，全國70個大中城市房屋銷售價格同比繼續上漲，同比上漲11.4%，但漲幅回落，比5月份縮小1.0個百分點。

表6.1　　2006—2009年房地產開發投資規模及增速

年份	房地產開發投資（億元）	增速（%）
2006	19422.9	22.1
2007	25288.8	30.2
2008	30579.8	20.9
2009	43127.6	41.0

數據來源：中國統計局網站。

大量的流動性充斥在中國經濟體內，必然尋找一切可以炒作的對象來進行增值。一旦房地產和股市的泡沫被及時擠壓，大量的資金就會轉移到其他地方，從收藏品、普洱茶到2010年的農產品，都成了遊資炒作的對象。事實上，在流動性過剩、出口和就業壓力增大以及擴張性的宏觀經濟政策下，要想使資產價格不上漲，或者維持低的通貨膨脹率，幾乎是不可能的。過多的貨幣追逐有限的資產和商品，必然會帶來泡沫的風險。

6.1.2　中國經濟有陷入「滯漲」的危險

「滯漲」這個名詞曾經在1970年代困擾了西方世界，甚至到現在，經濟學家們也沒有能夠成功地找到「醫治」滯漲的方法，傳統的財政政策與貨幣政策的搭配，在應付滯漲的問題時總會顧此失彼。雖然典型的滯漲是指經濟停滯、失業率居高不

下與通貨膨脹伴隨。但是我們如果把這個概念的含義稍微放寬，也就是在經濟增長速度放緩而非完全停滯的同時，出現了較高的通貨膨脹率和失業率，那麼這種狀況也可以看做滯漲。

中國經濟正處在工業化的中後期，經濟增長速度在2003—2007年連續五年保持在10%以上。縱觀世界經濟發展的歷史，任何國家在經濟的騰飛階段，都獲得了高的增長速度。這一點與後工業化的現代國家不同。也就是說我們在判斷一國經濟增長速度的高低時，不能僅看絕對值，而是要結合該國所處的歷史發展階段來判斷。比如美國的經濟增長如果能夠達到3%以上，就是很高的了，而這樣的增速對於中國來說，恐怕就算很低了。

2008年中國經濟出現過「滯漲」的身影。在GDP增速從2007年的13.4%降到9%的同時，通貨膨脹率達到5.9%。2009年和2010年的經濟增長率維持在9%左右，但是通貨膨脹在2010年開始上升，2010年9月CPI環比增長3.6%，11月CPI環比增長4.4.%，滯漲的危險加大。2011年，中國的宏觀調控面臨著控制通貨膨脹和保持增長的兩難困境，不得不採取積極的財政政策搭配穩健的貨幣政策。但是美國繼續採取寬鬆的貨幣政策，導致流動性泛濫，中國所面臨的流動性輸入問題依然嚴峻，如果貨幣政策收緊，比如提高利率，那麼熱錢的大量湧入又迫使中國的貨幣供給被動增加，從而增大央行衝銷的壓力或者削弱中國貨幣政策的效果。

6.1.3 阻礙中國資本市場的健康發展

作為轉型經濟體的中國，一直以來金融領域的改革和開放滯後於經濟領域，特別是中國資本市場的完善與發展更是相對緩慢。中國一直以銀行主導的間接融資為主，企業等主體通過資本市場直接融資的占比很少。目前中國的銀行資產占全社會

金融資產的80%以上，而四大國有商業銀行所支配的金融資產又達到金融資產總量的60%左右。這種金融資產格局所帶來的最大問題是間接融資比重過大，直接融資比重過小，使直接融資與間接融資發展失衡。央行的數據顯示，2006年中國直接融資與間接融資的比例為18：82，也就是說，82%的融資來自於銀行貸款，而來自於債券市場和股票市場的融資比例極低，只有18%。而在債券市場中，又主要是金融債和國債，對企業生產有直接幫助的企業債也就是6%左右。

由國有銀行主導的間接融資體系，更有可能引起信貸配給，加重中小企業融資的困難，阻礙民營企業和中小企業的發展。因此，在金融危機之前，中國曾經加大培育資本市場力度，包括培育機構投資者、開放QFII等。2007年8月14日，中國證監會正式頒布實施《公司債券發行試點辦法》，標誌著中國公司債券發行工作的正式啓動。現階段中國確實需要拓企業融資渠道、豐富證券投資品種、完善金融市場體系、促進資本市場協調發展。

然而，在全球流動性過剩和中國國內流動性過剩的背景下，再加上通貨膨脹預期的影響，大量的投機資金充斥於資本市場，境外熱錢頻繁干擾，使得中國的資本市場與國際的聯繫程度大大提高，國際黃金、美元、石油價格走勢等等都成為影響中國A股市場的重要變量。在動盪的、投機性高的條件下，中國資本市場制度建設和監管面臨著複雜的情況，金融體制改革的難度加大。

6.2 化解中國流動性過剩的兩種方式
　　——看似合理實則不可能

　　中國發生在 2002 年以後的流動性過剩,既有國內貨幣政策寬鬆的原因,更是美元本位制下全球貨幣泛濫的輸入所導致。這一點在第四章中已經被理論分析和實證檢驗所證實。面對龐大的國際收支順差和資本流入,通過央行票據來回收流動性,甚至提高存款準備金率和利率等措施,均是權宜之計。只要國際流動性不斷地輸入中國,那麼流動性過剩問題就得不到根治。本節主要探討兩種看似合理的治理流動性過剩的途徑,並對其各自的可行性進行分析。

6.2.1　實體經濟的增速快於貨幣增速的可能性

　　流動性過剩的含義本身就暗含著相對於經濟增長的需要或速度而言,貨幣供給過多或增長過快。順理成章,如果我們能夠實現實體經濟的增速快於貨幣供給增速,那麼也就不存在流動性過剩的問題了。遺憾的是,無論是對世界經濟還是對中國經濟而言,這種狀況一直很少出現,將來也不太可能實現。

　　自從凱恩斯主義經濟學成為主流之後,各國政府都很注重宏觀調控對經濟的影響,試圖以貨幣政策和財政政策來「熨平」經濟週期。雖然對於貨幣是否是中性的爭論一直沒有統一的定論,但是從各國政府的實踐來看,傾向於接受「貨幣短期非中性」的觀點——政府頻繁通過利率、貨幣供應量的仲介的調整,試圖干預經濟主體的預期、行為和經濟運行。

　　對於轉型經濟的中國而言,政府在經濟中的地位依然舉足

輕重，為了緩解城市化、工業化面臨的就業壓力，保持經濟的高速增長一直是中國追求的首要目標。那麼增發貨幣和積極的投資就經常成為「保增長」的手段，從圖 6.1 就可以看出，1999 年以來，中國的 GDP 增長始終沒有高過貨幣供給量的增長。伴隨著中國實體經濟高增長的，是貨幣供給更快的增長。在長期的超額貨幣供給中，也曾經一度出現過「貨幣迷失」現象：為了應對亞洲金融危機的有效需求不足，中國在 1998—2003 年實行了寬鬆的貨幣政策，但是出現了「寬鬆貨幣政策下的通貨緊縮」現象。這說明大量新增貨幣供給偏離了貨幣政目標，在貨幣傳導過程中發生「貨幣迷失」，這些超額發行的貨幣在一定時期內既沒有引起物價水準的上漲，也沒有推動經濟增長。對於貨幣迷失的原因眾說紛紜，大概有這幾種解釋：(1) 貨幣傳導渠道受阻。裴平、韓貴新 (2005)[1] 認為在金融市場不完全有效和市場參與者對價格信號不敏感的現實生活中，貨幣政策傳導過程並不是暢通無阻的，貨幣在傳導過程中「滲漏」出去、迷失於非實體經濟，而沒有直接作用於生產、流通和消費等實體經濟領域。貨幣迷失的渠道主要有股票市場、銀行滯留和地下經濟等。(2) 資本外逃。在亞洲金融危機之後，由於人民幣匯率高估等原因，中國的資本外逃規模開始增大，據測算 (吳少新、馬勇, 2005)[2]，1998 年中國的資本外逃規模在 88.17 億美元，2001 年資本外逃規模開始迅速擴大，達到 738.17 億美元；此後一直存在大規模的資本外逃，2004 年則出現了資本外逃和熱錢湧入並存的局面。

但是從 2003 年下半年開始，中國的通貨膨脹率開始上升達

---

[1] 裴平、韓貴新. 迷失的貨幣與突發性通貨膨脹 [J]. 江蘇行政學院學院, 2005 (1): 39-44.

[2] 吳少新、馬勇. 中國資本外逃的規模測算: 1988—2004 [J]. 湖北經濟學院學報, 2005 (3): 23-29.

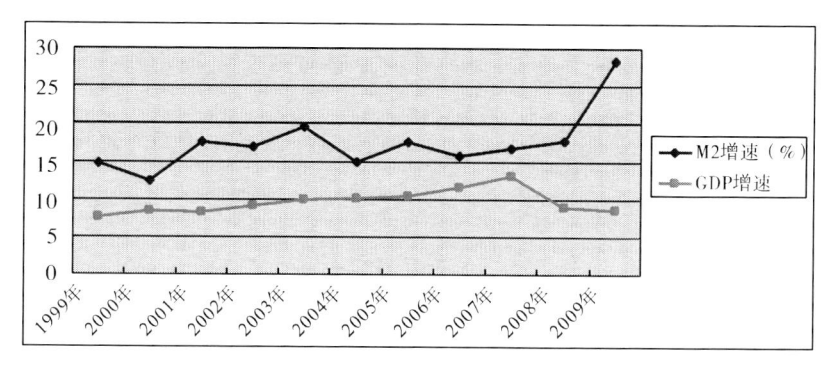

圖6.1 中國的貨幣增速與GDP增速

到3％以上，貨幣政策開始轉向穩健，迷失的貨幣又突然湧現，於是又出現了「緊縮貨幣政策下的通貨膨脹」。加上大量的國際資本流入，中國的貨幣供給數量雖然和以往差不多，但是這一階段的超額貨幣供給卻帶來了明顯的流動性過剩問題。

中國的貨幣政策目標是：「保持幣值穩定，並以此促進經濟增長」。經濟增長始終是第一位的，政府忌憚過於緊縮的貨幣政策會損害經濟增長。歷史經驗證明，只有在經濟出現了明顯的通貨膨脹時，中國的貨幣政策才開始「穩健」，一貫慎用「偏緊、緊縮」等說法。可見，即使中國經濟發生了通貨膨脹，只要沒有達到兩位數的危險境地，中國就不太可能將貨幣供給增長控制在低於GDP增速的水準。

此外，在全球流動性過剩的大環境下，對於治理中國的流動性過剩來說，緊縮性的貨幣政策效果受限。因為，在美國、日本和歐洲實行寬鬆貨幣政策期間，如果中國提高利率形成內外利差，就會造成境外資本基於套利而流入，加重國內的流動性輸入程度。而且，過緊的貨幣政策還可能損害國內企業的投資和競爭力，使得企業在世界經濟衰退期的運行更加困難。

6.2.2　人民幣一次性大幅度升值並不能緩解流動性過剩

在討論全球流動性過剩的原因時，Sebastian Becker（2007）[①] 認為，東亞新興經濟體，尤其是中國的固定匯率制度加重了全球流動性過剩，但是他沒有對此觀點進行嚴格的論證。其實這種觀點經不起推敲，東亞新興經濟體的貨幣並沒有成為國際儲備貨幣，即使這些地區實行寬鬆的貨幣政策，增加的也是其國內流動性，缺乏對實體投資和金融投資的載體——跨國公司，因而，東亞新興經濟體的國內貨幣政策並不能影響全球流動性的供給。倒是日本的長期低利率政策使日元泛濫，基於套利目的的日元投資在國際金融市場上成為一只活躍的力量，給國際金融市場帶來動盪。

至於中國的人民幣匯率相對穩定或低估，更不能說明是加重全球流動性泛濫的因素，而只是造成外部流動性輸入中國的一個動因。比如人民幣匯率穩定，為中國的外貿企業規避了匯率風險，匯率的低估也增強了中國產品出口競爭力，這樣形成了貿易渠道的流動性輸入。另一方面，由於人民幣升值預期帶來了國際短期投機資本的大規模湧入，又成為國際流動性輸入中國的另外一個渠道。因此，確切地說，東亞經濟體的固定匯率以及人民幣匯率低估，使這些地區成為全球流動性過剩的「窪地」，東亞國家大規模的外匯儲備累積也證明國際流動性的輸入事實。

既然熱錢的湧入是境外流動性輸入中國的一條重要渠道，而且熱錢湧入的動因之一就是人民幣升值預期，因此只要人民幣升值預期存在，就必然有國際投機資本湧入中國。一旦人民幣升值預期消失，熱錢也就不再湧入，反而可能會離開中國。

[①] SEBASTIAN BECKER. Global Liquidity Glut and Asset Price Inflation. Deutsche Bank Research, 2007（5）.

現在看來，人民幣匯率是否應該升值已經沒有爭議了。事實上自2005年開始人民幣已經走上了升值之路，但是另外一個關鍵問題仍然不斷地困擾著人們：人民幣到底應該升值多少？對於這個問題的回答本質上就是預期熱錢從流入轉入流出的那個轉折點在哪裡？不論人民幣是逐步緩慢升值還是一次性升值到位，只要升值空間消失，就意味著短期投機資本的轉向時刻到來。因此，經常有專家和學者提出讓人民幣一次性升值的建議，認為這樣才能打消升值預期，遏制熱錢的不斷流入。

實際上，對於人民幣匯率低估的程度即升值空間問題，大量的學者進行過測算的嘗試，得出的結果不盡相同。西方學者主要採用宏觀經濟平衡法和擴展的購買力平價法測算人民幣均衡匯率。Coudert and Couharde（2005）用宏觀經濟平衡法測得人民幣低估了23%；而用擴展的購買力平價法進行測算，結果差異非常大，對人民幣匯率的評價從「沒有低估」或「輕微低估」到「低估49%」不等，並沒有一致性可言。[1] 國內學者對人民幣均衡匯率的研究，大多得出了人民幣匯率在不同階段存在低估或高估的失衡現象，但是對於2002—2005年期間的人民幣低估程度，得出的結果也各有差異。冉茂盛等（2005）[2] 的估算結果認為，2002年二季度以後的時期，人民幣實際匯率表現為低估，其中2003年二三季度低估程度都超過了8%，2003年四季度和2004年一季度低估程度分別達到了10.8%和12.5%，並且有逐步擴大的趨勢。由此可見，即使按照西方學者所估算的結果，人民幣兌美元匯率從2005年7月21日的8.11∶1升值為2010年12月31日的6.6229∶1，已經升值了22.5%，也已

---

[1] 韓龍. 評西方對人民幣均衡匯率的評估 [J]. 上海金融，2008 (8)：68-71.
[2] 冉茂盛，等. 人民幣實際匯率失調程度研究 [J]. 數量經濟技術經濟研究，2005 (11)：45-50.

經升值的差不多了。至於目前的人民幣匯率是否還存在低估以及低估的程度，又出現了不同的爭論。項後軍（2010）的實證分析得出的結論是，在2007年4月人民幣匯率發生了結構突變，升值性匯改政策的實施，不僅基本扭轉了匯率長期處於低估的局面，還導致其出現了一定程度的高估（截至2008年年底，約高估10%）。①可見，現在再來談論人民幣是否應該一次性升值已經失去了意義，並且很可能會正中投機家的下懷。也許當前更為重要的是，如何控制熱錢的流動，避免熱錢迅速撤離帶來的金融衝擊和動盪。

6.3　人民幣國際化——疏導過剩流動性的必然選擇

在前面的章節中我們分析過，國際流動性通過多種渠道輸入中國經濟體內，再加上經濟騰飛階段的超額貨幣供給，加重了中國國內流動性過剩的狀況。而人民幣的國際化程度還比較低，中國的對外投資規模仍然較小，因此貨幣流動性在中國呈現出「寬進嚴出」或者「只進不出」的特點。上節我們還對於兩種理論上似乎合理的治理流動性過剩的途徑進行了實際分析，發現中國既不可能採取過於明顯的緊縮貨幣政策，也不應該實行人民幣一次性升值到位的方法來緩解流動性過剩。全球化以及國際分工和經濟格局、國際貨幣體系也不是短期內可以改變的，因此，換個角度來看，尋找人民幣輸出的方式也可以緩解流動性過剩。為此，本節專門討論人民幣國際化的問題。

---

① 項後軍，潘錫泉. 人民幣匯率真的被低估了嗎？ [J]. 統計研究，2010 (8)：21–32.

6.3.1 人民幣國際化的必然性

中國經濟規模的增長速度是世人共睹的，2010 年中國 GDP 總值已經超過日本成為世界第二大經濟體。毫無疑問中國在世界經濟體系中已經是個經濟大國。而目前人民幣還不能自由兌換，在國際貿易結算和直接投資領域的運用比例還很小，中國在國際金融事務中的話語權還比較弱。從而產生了這種大國經濟與小國貨幣的不匹配。

美國經濟學家麥金農提出了「小國貨幣原罪」說：如果小國經常項目不斷逆差，它就要靠借外債來彌補其貿易逆差，這會導致其貨幣不斷貶值，累積的債務負擔越來越重，直到破產邊緣（20 世紀 90 年代初的拉美國家外債不斷膨脹就是如此）；如果小國經常項目順差，就會不斷累積外匯儲備，本幣不斷升值，外匯儲備不斷縮水，國內流動性充斥，資產價格高企，直到發生泡沫經濟（20 世紀 80 年代初到 90 年代的日本就是一例）。只有保持經常項目收支平衡，且與大國貨幣匯率保持穩定，才能避免損失。即使是美元濫發引起美元貶值趨勢，也是一樣，小國必須調整以跟上美元貶值的步伐，不然自己貨幣升值過大或過小，都會引致大量對本幣的投機活動，直至引起本國經濟衰退（1997 年東南亞金融危機時的泰國等）。不管本國的情況如何，貨幣小國都必須適應國際本位貨幣國家的貨幣政策，當國際本位貨幣發行國調整貨幣政策或者遇到較大問題的時候，貨幣小國必然會受到牽連。這就是美元霸權下小國貨幣附庸地位的悲哀。

進入 21 世紀以來，中國正面臨著像 20 世紀 80 至 90 年代的日本相似的狀況，以美國為首的西方國家經常對人民幣匯率問題發難，把人民幣匯率作為全球經濟失衡的替罪羊，逼迫人民幣升值。在中國經濟融入全球經濟體系的今天，人民幣的國際

化是一種必然的選擇。當前國家間經濟競爭的最高表現形式就是貨幣競爭。如果人民幣對其他貨幣的替代性增強，不僅將現實地改變儲備貨幣的分配格局及其相關的鑄幣稅利益，而且也會對西方國家的地緣政治格局產生深遠的影響。

6.3.2　人民幣國際化的條件

人民幣國際化的含義包括三個方面：第一，是人民幣現金在境外享有一定的流通度；第二，最重要的是以人民幣計價的金融產品成為國際各主要金融機構，包括中央銀行的投資工具和儲備貨幣，為此，以人民幣計價的金融市場規模要不斷擴大；第三，是國際貿易中以人民幣結算的交易要達到一定的比重。這是衡量貨幣國際化的通用標準，其中最主要的是後兩點。

作為全球第二大經濟體，中國經濟快速持續的增長形成了良好的預期，人民幣在較長一段時間以內也表現出穩定堅挺的幣值，增強了其可接受性，中國擁有全球最多的外匯儲備，這些都表明人民幣已經具有了成為國際貨幣的可能性。2007年開始的全球金融危機已經從經濟基礎和政府信用兩方面造成美元本位制基礎的鬆動，而且自2005年開始人民幣匯率形成機制發生了變化，走入升值通道，也給人民幣國際化帶來了機遇。但是人民幣國際化是個漸進的過程，其成功至少需要三個基本條件：

（1）經濟的可持續發展。這一條件有賴於中國經濟轉型的成功，以本土消費市場的拓展、技術進步、產業升級和經濟運行效率的提高為主要特徵。儘管當前中國經濟被通貨膨脹的陰影所籠罩，但是只要不出現惡性的通貨膨脹，中國的「人口紅利」將在今後相當長的一段時期內推動經濟處於高儲蓄、高投資和高增長的狀態。再加上中國的城鎮化進程還遠遠沒有完成，在國際分工中的比較優勢——廉價的勞動力成本還依然明顯，

因此，中國經濟的可持續發展還是可以預期的。

（2）建立亞洲國際金融中心，也即本土擁有規模巨大、流動性、安全性和成長性兼具的現代化金融市場體系。在全球流動性過剩的環境中，金融市場和虛擬經濟的繁榮是必然的。因為超出實體經濟需要的流動性必然會創造出龐大的金融產品和貨幣投機需求。人民幣國際化除了要實現貿易體系的結算和計價功能外，還需要大量的以人民幣計價的金融產品和開放的國際金融市場。目前中國香港已經成為重要的國際金融中心，上海也具備了一定的條件培育成為亞洲國際金融中心。

（3）中國的貨幣管理當局要具備應對大規模外部衝擊的實力和應對貨幣衝擊的技巧和經驗。人民幣國際化必然伴隨著資本項目的開放，在人民幣輸出境外作為國際結算和儲備貨幣的同時，國際資本進出中國也就更加便利。實際上我們最擔心的就是，如果境外資金大進大出引起資產價格大幅度波動，引起大規模呆壞帳，造成銀行和金融機構的危機以及倒閉風潮。正因為控制風險的考慮，中國的資本項目開放實行了逐步推進的方式。但從中國的歷史發展路徑來看，中國尚沒有發生自釀的金融危機。在以私有制為主的經濟體中，呆壞帳是一切倒閉事件的根源。資本主義市場經濟要通過銀行倒閉、經濟緊縮和大量失業的痛苦來消除呆壞帳。而中國創造了「剝離呆壞帳」的方法，這也是中國曾長期存在高呆壞帳率，卻沒有金融危機的根本原因。

6.3.3 人民幣國際化的現狀與途徑

人民幣國際化是一個長期的戰略，也是一個逐步有序推進的過程。當前人民幣國際化的步伐也正在加快。

6.3.3.1 人民幣作為支付和結算貨幣已被許多國家所接受，在周邊國家和地區已經出現了人民幣的境外流通

我們前面已經提到過，國家外匯管理局研究人員的調查統計表明，人民幣每年跨境的流量大約有1000億元，在境外的存量大約是200億元。中國人民幣供給量（M_2）約為20,000億元，這意味著境外人民幣大約是人民幣總量的1%。[①] 由此可見，人民幣已經在一定程度上被中國周邊國家或地區廣泛接受，人民幣國際化處於漸進發展的階段。從近幾年人民幣在周邊國家流通情況及使用範圍可分為三種類型：第一種，在新加坡、馬來西亞、泰國、韓國等國家，人民幣的流通使用主要是伴隨旅遊業的興起而得到發展的。第二種，在中越、中俄、中朝、中緬、中老等邊境地區，人民幣的流通使用主要是伴隨著邊境貿易、邊民互市貿易、民間貿易和邊境旅遊業的發展而得到發展的。第三種，在中國的香港和澳門地區，由於內地和港澳地區存在著密切的經濟聯繫，每年相互探親和旅遊人數日益增多，人民幣的兌換和使用相當普遍。由於港幣可以隨時兌換成美元，實際上人民幣也可以隨時通過港幣這個仲介兌換成美元。據專家估算，目前在香港流通的人民幣已達700多億元，成為僅次於港幣的流通貨幣。

6.3.3.2 跨境人民幣結算規模快速增長

中國正在開展的跨境貿易和投資人民幣結算試點是為應對國際金融危機而採取的具體舉措，目的是促進貿易和投資便利化，人民幣跨境貿易結算規模快速增長，說明這一措施適應了市場需求。2009年7月2日，六部委發布跨境貿易人民幣結算試點管理辦法，中國跨境貿易人民幣結算試點正式啓動。2010年6月，中國人民銀行、財政部、商務部、海關總署、國家稅

---

① 數據來源：中國金融網。http：//www.zgjrw.com/News/2010823/home/358676049210.shtml。

務總局、中國銀行業監督管理委員會聯合下發了《關於擴大跨境貿易人民幣結算試點有關問題的通知》，第二批跨境貿易人民幣結算試點正式啓動。境外試點地區由港澳、東盟地區擴展到所有國家和地區；境內試點地區由上海市和廣東省的廣州、深圳、珠海、東莞擴大到全國20個省（自治區、直轄市）。央行在2011年1月13日對外公布了《境外直接投資人民幣結算試點管理辦法》。這份文件規定，境內非金融企業在設立、併購、參股境外企業和項目時，可以直接使用人民幣資金，因而將跨境貿易人民幣結算試點，推進至更高的層面。2010年銀行累計辦理跨境貿易人民幣結算業務5063億元

6.3.3.3 改革至今，中國資本帳戶下的大部分子項目已有了相當程度的開放

在國際貨幣基金組劃分的七大類43項資本帳戶交易中，目前中國有20個資本帳戶交易基本不受限制或較少受限制，人民幣資本帳戶下已經實現了部分可兌換。[①] 現在香港已經可以自由兌換人民幣了，只不過是地下黑市，因此，在一定程度上來看，人民幣已經通過港元也就間接地實現了自由兌換。但是從全球來看，迄今為止幾乎沒有任何一個國家實現了完全自由的貨幣可兌換，大多數實行匯率目標區制度。因為一旦資本可以自由進出進行跨境投資，就會對本國的金融市場和本幣的匯率帶來衝擊。因此，中國對於資本帳戶的開放採取了逐步漸進的方式。人民幣的自由兌換還需要一些條件成熟後才可以實現。這些條件包括：①人民幣匯率制度應該實現浮動匯率或者有管理的浮動匯率，這樣才能在資本自由進出的同時維持貨幣政策的獨立性。②利率市場化。如果沒有利率市場化，很容易誘發套利活動和外匯投機。③完善的金融市場和成熟的金融機構。只有本

---

① 施建淮. 中國資本帳戶開放：意義、進展及評論［J］. 國際經濟評論，2007（6）.

國的金融體系具備了足夠的廣度和深度,才能在與國際金融市場接軌後,靈敏地應對來自國際金融市場的各種衝擊。

目前,人民幣的國際化步伐已經邁出,正在逐步推進。接下來中國應該密切關注國際金融和經濟形勢,抓住時機適時加快人民幣國際化的進程。為此,可以採取以下途徑:

(1) 通過海外銷售渠道的建設和產品質量的提升,增強海外客戶對中國金融產品的依賴性,並逐步開發各類人民幣計價的金融產品,推動人民幣國際資產市場的形成和發展,逐步建立境內外資金監管協調機制,同時輔以人民幣貿易融資以推動進出口產品的人民幣計價與結算。

(2) 快速提升金融服務業的國際化程度。一方面加快金融服務業的對外開放,允許開設更多的外資銀行子公司、外資背景的各類金融機構經營人民幣業務,通過國內金融服務業市場的有序競爭提高市場效率和服務質量。

(3) 在人民幣不能完全可兌換、資本流動仍受控制的情況下,可在人民銀行提供的清算安排等制度支持下,將滯留境外的龐大人民幣存量吸引至香港金融市場,創造各種人民幣需求業務,共同維護金融體系穩定。

(4) 中國目前應該做好準備,在美元危機時承諾人民幣部分自由兌換,可以在市場需要時由中國人民銀行提供給美聯儲大量人民幣以購買美元,這樣可以緩解美元過多的問題,這意味著中國主動用人民幣在世界上收購美元。在國際市場上大幅度增加人民幣供給,減少美元的供給,既可以緩解人民幣升值的壓力也可以緩解美元貶值的壓力。當然,其結果是人民幣將部分地替代美元的國際貨幣地位。

6.4 改革外匯管理體制

但凡關注人民幣匯率問題和中國外匯儲備問題的研究者大都思考過中國外匯管理體制的改革問題。本書在全球化的歷史過程中，結合當前的國際分工體系和國際貨幣體系，來分析中國不可避免的外部流動性輸入問題，在分析中國外匯儲備快速增長，從而造成貨幣供給的被動投放的時候，我們也必然考慮通過中國外匯管理體制的改革來緩解流動性過剩問題。

6.4.1 藏匯於民，切斷外匯儲備與貨幣供應的直接聯繫

迄今為止，中國依然實行比較嚴格的外匯管制。1994年外匯管理體制改革以後，中國實行的是強制結售匯制度。強制結售匯的實施在改革開放初期為中國累積了大量的外匯儲備，但是弊端也逐漸明顯：一方面，強制結售匯制度導致外匯市場形成了「無條件的外匯供給和有條件的外匯需求」，這種制度安排誇大了人民幣升值的壓力，卻隱瞞了人民幣貶值的壓力，造成了外匯市場上外匯供大於求的虛假局面；另一方面，從貨幣政策操作角度，在強制結售匯制度下，央行需要不斷買入商業銀行賣出的外匯，這帶來外匯儲備的不斷增長，同時意味著基礎貨幣的投放。為防止基礎貨幣不斷投放給國內經濟帶來流動性過剩問題和通貨膨脹的壓力，央行又需要不斷地通過公開市場操作回收資金，央行貨幣政策的獨立性因而受到很大的牽制。遵循循序漸進的原則，改強制結售匯制度為意願結售匯制度，可以說是勢在必行。中國外匯儲備管理體制改革，就持有主體多元化而言，就是要將原先集中由中國人民銀行持有並形成官

方外匯儲備的格局，轉變為由貨幣當局、其他政府機構和企業與居民共同持有的格局。通過限定貨幣當局購買並持有外匯儲備規模，有效隔斷外匯資產過快增長對中國貨幣供應的單方向壓力，並據以減少過剩流動性，確保貨幣當局及其貨幣政策的獨立性。①

事實上，自1994年外匯管理體制改革以來，央行一直在對強制結售匯制度進行漸進式改革，意願結售匯的部分也從當初的20%逐漸提高。2007年8月，國家外匯管理局發布《關於境內機構自行保留經常項目外匯收入的通知》，取消境內機構經常項目外匯帳戶限額，境內機構可根據自身經營需要，自行保留其經常項目外匯收入，經常項目下的強制結售匯制度已經轉變為意願結售匯。所以目前中國在經常項目下已經實行了意願結售匯制度；但是在資本項目下還是強制售匯制度。

6.4.2 「藏匯於民」在短期內的實質影響有限

在人民幣升值的過程中，實行意願結售匯藏匯於民的風險較小。但是這一措施的實質性影響有限。對企業來說，雖然被賦予了根據自身經營保留外匯的「選擇權」，但是從短期來看，企業未必使用這種權利。因為在本幣處於升值的過程中，企業可能不會選擇保留外匯，只有當本幣處於貶值情況下，企業才會考慮保留外匯而捨棄本幣。此外，由於中國的外匯市場不發達，外匯的避險工具也不完備，企業傾向於在收匯後馬上到銀行結匯。也就是說，企業不會因為強制結售匯改為意願結售匯，就保留更多的外匯，而是結合自身的情況、宏觀經濟環境和匯率變化等多種因素進行綜合考慮。

對於個人而言，由於不能自由投資於境外的金融資產和房

---

① 孔立平，朱志國. 對外匯儲備激增與流動性過剩關係的理論分析與實證檢驗[J]. 石家莊經濟學院學報，2008（2）.

地產，個人對持有外匯的需求也是非常有限，主要是出國留學、旅遊和消費所需要的外匯，規模並不是很大。

因此在短期內「藏匯於民」措施並不能立即隔斷外匯儲備與貨幣供應量的聯繫。但是從長期來看，這一項改革是必然的選擇。

6.5 進一步鼓勵境內資本「走出去」對外投資

一直以來，中國採取了「獎出限入」的貿易政策，在直接投資和金融投資方面，也同樣是寬進嚴出。正如前文分析的，國際流動性通過各種途徑輸入中國，但是中國國內的資本和流動性卻難以流出到國際市場。這就好比一個蓄水池，進水口多而出水口少，勢必會加重國內的流動性過剩和通貨膨脹等問題。因此，解決的途徑之一也應該考慮促使國內資本輸出。

6.5.1 鼓勵中國企業對外直接投資

隨著全球化進程的深入，特別是進入 21 世紀以來，中國的企業無論是在本國市場上還是國際市場上，都面臨著來自全球各國企業的競爭。中國經濟高速增長也產生了一大批逐漸壯大的企業，2000 年開始中國實行了鼓勵企業「走出去」的戰略。在「走出去」戰略的推動下，對外直接投資迅速發展，從 2000 年的 6.2 億美元增長到 2007 年的 210 億美元。尤為值得關注的是在金融危機的背景下，中國對外直接投資逆勢上揚，2008 年對外直接投資達到 559 億美元，2009 年中國對外直接投資 480 億美元，成為世界第六大海外投資國。截至 2009 年底，「走出去」的中資企業約有 1.4 萬家，遍布全球上百個國家和地區。

2009年下半年至2010年上半年，中國的海外併購活動出現爆發式增長，交易總額達342億美元，完成的海外併購交易共有143宗，平均每季度有36宗。

從對外投資的驅動因素來分析，中國公司的跨國投資主要有三類。一類是大型國有企業或國有控股公司，主要投資開發資源類領域。第二類是民營與股份制公司，投資國別與領域多元化，主要是為了獲得關鍵技術和品牌提升自身在價值鏈中的地位，這種情況當前在汽車業最為普遍。第三類是為了進軍國際市場而兼併收購國外的企業。但是中國企業走出去對外直接投資並不是一帆風順的，大型國有控股企業在通過兼併收購來進行海外投資時，往往會因為其他國家以國家安全為名而受阻。據麥肯錫統計數據顯示，在過去20年的全球大型企業併購或者兼併事件中，真正取得預期效果的只有50%，而中國有67%的海外收購不成功，經濟損失數額巨大。

當前世界經濟危機使西方國家的製造業面臨調整，這對中國企業而言是一個機會。按照「投資發展路徑假說」，中國經濟總體上已經到了海外投資大規模增長的階段。因此應該繼續加大對外投資力度，特別是製造業領域的海外投資。政府可以在政策、金融和法律方面給予國內企業對外直接投資以援助，特別要鼓勵非國有企業對外直接投資。

6.5.2 擴大對外金融投資

近年來中國外匯管制有所放鬆，比如將個人購匯額度擴大到每年5萬美元，放行QDII等措施，都有助於對外資本輸出。中國近年來迅速累積的大規模的外匯儲備需要保值增值，因此以主權財富基金形式的對外投資也迅速發展。

2006年7月，中國工商銀行推出首只銀行系QDII產品，同年11月，國內首只基金試點QDII產品——華安國際配置基金正

式成立。2007年5月，中國銀監會頒布了《關於調整商業銀行代客境外理財業務境外投資範圍的通知》，取消了商業銀行QDII產品「不得直接投資於股票及其結構性產品」的限制性規定，將股票及其結構性產品納入銀行QDII產品投資範圍。隨後中國陸續出現了面向海外配置投資的基金，並一度備受追捧。但是由於緊接著爆發了國際金融危機，發達國家的房地產和金融市場大幅下跌，使得QDII產品的收益率下降。其發展速度和規模的擴大也比較緩慢。截止到2010年底，外匯管理局共批准88家QDII機構，境外證券投資額度共計684億美元，QDII項下累計匯出資金787億美元，累計匯入資金502億美元（含投資本金及收益），累計淨匯出資金285億美元。

為了充分利用豐富的外匯儲備，中國投資有限責任公司（CIC）已於2007年成立，註冊資金2000億美元，是主權財富基金模式最新也最重要的案例，從此世界金融市場上又誕生了一個頗具實力的主權財富基金並開始了其對外投資的行為。儘管CIC成立不久就發生了金融危機，也因此而遭受了巨大的投資損失。但是，也正是主權財富基金在金融危機中發揮了救助的作用。危機發生後，西方各國需要錢，而主權基金正好擁有大量的資金。於是我們第一次看到，亞洲的主權基金可以挽救深陷危機中的美林、花旗等金融巨頭。也只有主權基金，才能在短時間內拿出數額巨大的資金用於救助；才能將這樣龐大的救助計劃支持到今天。與之相比，對沖基金雖然也擁有大規模的資金實力，但是它們更加的不穩定並具有破壞性，因此，主權基金在世界市場上的影響力越來越大，不僅影響世界經濟和金融的發展，而且還影響著世界政治格局。摩立特集團發布的2010年1至6月《主權財富基金半年報》稱，受世界經濟形勢好轉的影響，全球主權財富基金在2010年上半年的交易量和交易額比上年同期增長一倍。而中國投資有限責任公司成為了同

期最大的投資機構，其公開披露的 14 宗投資，涉及金額達 73 億美元。中投也延續了 2009 年的投資戰略，集中投資於自然資源、電力等行業以滿足經濟發展中對於能源與金屬的需求。可見，運作好中國的主權財富基金，是舒緩流動性過度輸入的一個重要方式。

然而，目前中國的普通企業和個人投資者仍然不能直接買賣境外的金融資產和房地產。① 李稻葵認為，為了抑制通貨膨脹可以引導有錢的國人在被控制的情況對外投資，而且強調一定是可控的對外投資。如果允許中國公民自由對外投資，我們認為可能會帶來如下的風險：①中國的很多股民會賣掉中國的股票，轉而去購買美國、日本、歐洲等地的股票②，其原因是中國的股市只有圈錢而沒有分紅，只有投機的價值而沒有投資的價值。而國外成熟的股票市場更具有投資的價值。②中國的很多投機者會賣掉在中國的房子，轉而去買國外的房子。其原因是，那些地方的房子很多比中國的還便宜，而且是永久產權，更具有投資價值。據英國《金融時報》2011 年 3 月 30 日的報導，來自中國內地的買家已經成為目前倫敦市中心高端房產的最大買家，中國買家在高端房產方面的平均開支為 650 萬英鎊，超過同期在倫敦買房的其他 60 個國家和地區的買家。這樣看來，外匯管制和資本出入管制的確是一道防火牆，現行的外匯政策對普通內地居民置業仍有較大的阻礙。

---

① 目前海外地產商只能接受外匯付款方式，通過匯豐銀行按揭，因此，其主要目標客戶是擁有海外帳戶的購房者。

② 當然，中國普通投資者可能不具備分析海外金融投資信息以及管理海外投資的能力，但是可以通過 QDII 來進行。

6.6 改革國際貨幣體系

在本書的分析中，國際貨幣體系是作為制度性的因素來發生作用的，中國的輸入性流動性過剩也是由於當今國際貨幣體系的特點造成的。隨著全球經濟一體化程度的加深，當國際貨幣體系的弊端阻礙了世界經濟平衡發展和全球化的必然歷程時，就會發生制度變遷的需求。

6.6.1 新特里芬難題

全球化使各國經濟緊密聯繫，世界經濟週期的一致性和整體性也越來越明顯；但是在貨幣領域，以美元為核心的信用貨幣體系必然會產生美國的國家利益與世界經濟整體利益的矛盾。充當「世界中央銀行」的美聯儲，必然存在濫發貨幣「以錢生錢」的內在驅動。很多學者認為，當前的國際貨幣體系仍然存在特里芬難題，並稱之為「新特里芬難題」。

20世紀60年代羅伯特·特里芬的《美元與黃金危機》一書中就提出，任何一個國家的貨幣如果充當國際貨幣，必然在貨幣幣值穩定方面存在兩難境地。特里芬難題實際上也是導致布雷頓森林體系崩潰的原因。在當今「美元本位」下，雖然國際儲備貨幣是多元的，但是問題的實質仍然沒有發生變化，國際清償力需求仍要依靠儲備貨幣（主要是美元）國的逆差輸出來滿足。20世紀90年代以後，特里芬難題再次被提出，人們認為牙買加體系的浮動匯率制度只是緩解而不能根治特里芬難題。美國只有通過國際收支逆差來滿足世界經濟發展和全球化的國際清償力需求，並從別國獲取鑄幣稅和真實資源；而美國的國

際收支逆差又影響了美元的穩定。McCauley 在國際清算銀行 2003 年第一季度經濟評論中，考察了美國和東亞國家的資本流動狀況，認為美國通過負債的方式從東亞吸收資本彌補逆差，而東亞國家用經常項目順差為美國融資，當這種資金循環效應難以持續的時候，就會出現危機。中國在這種循環機制中發揮的作用越來越突出，近年來中國確實累積了大量的外匯儲備，這些儲備成了「燙手的山芋」，因為中國外匯儲備的 70% 左右是美元資產，美元的貶值使中國承受了巨額的損失。

「特里芬難題」的政策含義是：對國際清償力的滿足不可能長久地依靠主權國家貨幣的逆差輸出來實現，依靠主權國家貨幣來充當國際清償力的貨幣體系必然走向崩潰，即使是美元、歐元、日元或人民幣三足鼎立的貨幣體系也難逃這個問題的困擾。另一方面，從國際經濟結構不平衡的角度來分析，新興經濟體的出口導向發展模式和美國低儲蓄、高消費的增長模式是一個互相強化的正反饋過程，也很容易走向危機。但是我們應該知道，即使沒有這些結構性因素的推波助瀾，國際貨幣體系也面臨特里芬難題，這是同一件事情的兩種說法。

6.6.2 國際貨幣體系的未來走向

次貸危機動搖了美元作為國際貨幣體系唯一核心貨幣的基礎，改革現有國際貨幣體系的呼聲日益高漲。但由於利益糾葛複雜，2008 年 11 月 9 日和 10 日的 G20 會議並沒有對未來貨幣體系的發展方向和改革形式形成建設性想法。那麼國際貨幣體系未來的改革方向應該是怎樣的呢？一般的理論分析表明，未來國際貨幣體系的演變，可能有三個階段：近期仍然是由美元繼續擔當全球主要貨幣；中期形成多元化的國際貨幣體系；長期則趨向於創立超主權的全球單一貨幣。如果使用單一的全球貨幣，市場將不再需要累贅的貨幣兌換，也不需要應付匯率的

波動而進行昂貴的對沖，貨幣投機、貨幣危機的風險和收支失衡等問題都會消失。

　　首先，在短期內美元在國際貨幣體系中的地位仍然最重要。美元本位制的核心是美元的計價機制和儲備職能，目前美元在國際儲備貨幣的構成中仍然佔有最多的份額，大部分國際貿易，特別是主要商品（石油、黃金）、大部分期貨交易和離岸美元市場上的各種金融產品都是美元計價。通過美元計價的機制美國就可以影響世界市場的價格。雖然歐元的誕生打破了美元的一元格局，但是歐元在國際儲備資產中所占的比例也不過20%多，再加上歐元區近年來面臨著主權債務危機，也阻礙了歐元對美元的替代，歐元還不具備動搖美元地位的條件。

　　其次，世界經濟格局在演變，多元化的趨勢也已經初露端倪。2010年歐盟的GDP總量已經超過美國，中國GDP總量超過日本名列第二，占到美國的39%，而中國和日本GDP之和已經達到美國GDP的76%。可見亞洲在世界經濟中的地位已經相當重要，但是在國際貨幣體系中，日元和人民幣所占的比例卻微乎其微。日本沒有能夠在其經濟高速增長的同時成功實現日元的國際化，加上沒有處理好本幣升值期間匯率政策與國內貨幣政策的協調，從而「失去了20年」，中國應該引以為鑒。

　　經濟全球化必然要經歷區域經濟一體化的階段，全球貨幣體系的改變很可能要經歷區域貨幣的階段。除了目前的歐元區以外，亞洲作為世界經濟增長的一個重要引擎，隨著亞洲各國經濟的融合和共生性的加強，再加上金融危機的威懾作用，亞元的誕生也並不再是遙不可及的空想。雖然很難設想中國和日本等亞洲主要國家會願意放棄自己的貨幣，但可以首先設立由亞洲地區某一組貨幣組成的共同貨幣，爭取在每個國家不放棄本幣的情況下，讓一種區域性貨幣在亞洲流通，進而擴大效應，從「小亞元」而「大亞元」，逐步形成一個美元、歐元、亞元

鼎立的多元化世界貨幣體系。因此，人民幣的國際化進程就必須要加快，至少應該爭取在亞洲經濟中發揮著類似區域「錨」貨幣的作用，如果日元和人民幣都不能順利地充當錨貨幣，那麼亞元的產生就會有更多的阻力。

　　最後，從長期的發展的眼光來看，全球化的終極就是經濟一體化，那麼貨幣的統一也是終極趨勢，只有世界單一貨幣才能解決特里芬難題，雖然這一過程可能很漫長。在後危機時代，超主權貨幣導向的國際貨幣體系改革備受關注。超主權貨幣不僅克服了主權信用貨幣的內在風險，也為調節全球流動性提供了可能（周小川，2009）。但是基於目前的狀況，構建一種持續穩定的超主權信用貨幣體系面臨兩方面困難：一是貨幣的設計；二是國際貨幣體系運行模式的選擇。從歷史經驗看，成員國放棄全部政策主權的模式只能是建立在真正的政治一體化基礎之上的，儘管全球範圍內的經濟一體化程度不斷加深，但是政治的多元化決定了此種模式在現實的國際環境中不具有可行性。在超主權信用貨幣體系中，對成員國政策的外部紀律約束失效會極大地威脅貨幣價值和體系本身的穩定。[①] 全球化到了一定的階段，其面臨的阻礙就不僅僅是經濟問題，而是各國政治和文化衝突與融合的問題。

6.6.3　黃金+碳貨幣：世界單一貨幣的構成基礎？

　　設想世界單一貨幣的產生過程並沒有經歷三足鼎立的階段，如果美元崩潰後，世界上再找不到任何一個主權貨幣來代替美元，信用貨幣制度將面臨最後清算，那麼世界單一貨幣基礎又可能是什麼呢？目前有人認為黃金很可能會再次貨幣化，但是恢復完全的金本位制已經是不可行的了。黃金單獨作為現代貨

---

①　張向軍. 後危機時代國際貨幣體系改革的前景：歐元的經驗和啟示. [J] 國際金融研究，2010（9）.

幣制度的支柱具有缺陷，最大的問題是黃金的產量增速趕不上世界經濟的增速，黃金在強化其財富儲藏功能的同時，卻遏制了價值尺度和流通手段功能的發揮。所以黃金還需要一種稀缺的、具有彈性的、強大的補充元素，才能構成可以穩定的貨幣體系。

「煤炭—英鎊」和「石油—美元」的崛起展示了一條簡單而明晰的關鍵貨幣地位演化之路。循此規律不難發現，在低碳經濟成為各國經濟增長目標模式的未來，新的能源貿易——碳信用交易，正是聯結新能源組合和新能源利用模式的核心。宋鴻兵認為，碳貨幣成為世界單一貨幣構成元素的可能性最大。這不僅是因為它在理論上的合理性，更根本的原因在於，使用碳貨幣可以最大限度地滿足世界統治精英的戰略意義。[1] 如果美元崩潰，而採取「黃金＋碳」貨幣為基礎的世界單一貨幣，將面臨新一輪的全球利益分配，西方國家將是最大的贏家。

根據國際貨幣基金組織（IMF）的數據，2008年9月全球黃金儲備為8.473億盎司，其中美國擁有2.615億盎司，歐元區擁有3.5億盎司，全球占比分別高達30.8%和41.3%，其他經濟體的占比總共不及30%，歐美借由高比例黃金儲備將可能在復闢金本位的過程中獲得貨幣霸權。美元崩潰後美國將可以賴掉大部分的債務，其中受損最大的就是外匯儲備最多的中國。如果二氧化碳排放量被貨幣化並成為世界貨幣的元素之一，對於已經完成工業化的西方國家仍然有利。目前，歐元是碳交易現貨和碳衍生品場內交易的主要計價結算貨幣。而中國正處於工業化中後期，經濟增長的粗放方式沒有改變，未來碳貨幣的實行可能會給中國帶來巨大的環境罰款單。但是碳交易市場供給方比較多元，包括發達國家、轉型國家和發展中國家，不像石油供給高度依賴歐佩克，所以很難形成唯一計價貨幣的約定，

---

[1] 宋鴻兵. 貨幣戰爭2——金權天下 [M]. 北京：中華工商聯合出版社，2009：266.

客觀上存在碳交易計價貨幣多元化的可能，因此中國必須在這方面積極搶占先機。

6.7 經濟轉型——在歷史的過程中化解流動性過剩

進入 21 世紀以來，中國的流動性過剩帶有明顯的「輸入性」特徵。通過上文的分析可知，造成流動性過剩的原因，既有中國參與國際分工的方式也有現有國際貨幣體系的缺陷。過去的 30 多年來，中國遵循著比較優勢的原則參與了國際分工體系，在勞動密集型的分工環節形成了一定的優勢，但是過分依靠出口和投資拉動的經濟增長方式，使中國經濟對美歐的依賴性較大，經常項目順差也是國際流動性輸入的一個最重要途徑。中國的產品雖然在國際市場上有競爭力，但是中國的企業卻在國際市場上競爭力不足。另外，中國經濟增長方式依然是高耗能的，目前中國單位 GDP 能耗是日本的 8 倍、美國的 4 倍、印度與韓國的 2 倍。[①]然而全球化的趨勢是無法阻擋的，中國經濟轉型的必要性也早就被學界關注，雖不是一蹴而就的事情，但是從 2008 年以來的國際金融危機另一個方面來看，也是促使中國經濟轉型的一個契機。

6.7.1 在國內各區域之間發揮比較優勢，調整產業結構

中國在開放模式方面採取了由東南沿海地區向中西部內陸逐漸開放的方式，以基於要素稟賦的比較優勢理論為依據參與國際分工，因而形成了當前這種產業結構和地區經濟結構。東

---

① 許小年. 行政干預導致中國單位 GDP 能耗是日本 8 倍 [EB/OL]. 鳳凰財經網.

南沿海地區吸引內地的勞動力和跨國公司的資本和技術，形成了以製造業加工組裝為主的外向型產業結構；而中西部地區則向東南沿海輸送勞動力和資源，把本來擁有的豐富勞動力和自然資源的優勢轉移給東部地區，從而造成中西部地區產業結構和經濟發展的滯後。根據楊格的分工思想，分工取決於市場規模，而市場規模又取決於分工，也即分工具有自我強化、循環累積的特徵。中國參與國際分工的初始模式就是利用勞動力和土地等要素價格低廉的優勢，在東部地區發展加工製造業，出口勞動密集型產品，進口資本、技術密集型產品。這種模式經過30多年的自我強化，造成中國的國際分工地位和國內產業結構的不合理已經非常明顯，當然，要扭轉分工方式、調整產業結構，其成本也越來越高。

　　首先，中國在最初開放戰略的選擇上，忽視了國內區域之間的差異，從而產生了比較優勢在國際和國內應用的矛盾。在參與國際分工時，我們將中國作為一個整體從而選擇了發揮勞動力豐富的比較優勢，以勞動密集型產品和加工組裝環節來增強國際競爭力，這看起來應該是合理的。但是，中國是一個地域廣闊的大國，國內各區域之間的要素稟賦有很大差異，也許相對於歐美國家來說，我們的大多數省份都具有勞動力優勢，但是東部地區相對於中西部來說，卻恰恰沒有勞動力的比較優勢。在國內統一的市場和區域產業結構尚未形成梯度和層次的條件下，通過國內的勞動力流動將比較優勢在東部地區強化，從而造成了資源配置不合理與產業結構的固化。中國其實是利用廉價的農民工來代替產業工人參與國際分工，經過分工的自我強化機制，使得東部產業結構升級困難，西部的要素配置扭曲並無法與東部競爭，這也是中國的產品具有國際競爭力而企業卻沒有國際競爭力的原因之一。

　　其次，中國應該通過鼓勵工業反哺農業、城鄉一體化、西

部大開發等政策措施，促使東部產業結構升級，使中西部發揮自身的比較優勢，深化國內分工。中國的 GDP 總量已經成為世界第二大經濟體，龐大的國內市場需求並沒有被中國企業充分利用，反而是外資企業在中國市場上獲利豐厚。前文分析已經表明，中國的國際分工方式是造成流動性輸入的重要原因，經濟的對外依賴性比較大，國際金融和經濟危機警示我們，中國必須擴大內需才能保證經濟持續健康地發展。以往的研究幾乎都認為，擴大內需關鍵在調整收入分配，刺激消費。這些措施確實很重要，但是產業結構的調整卻更加根本，因為收入分配結構問題的根源在於就業結構。如果深化國內分工，在勞動力密集的省份形成勞動密集型產業，東部地區重點發展資本和技術密集型產業，農業人口就不會再像候鳥一樣地遷徙，而是在當地轉化為產業工人和市民，收入分配問題和內需等難題也就會得到緩解。

　　最後，中國應該調整對外開放的具體政策，逐步取消對外資企業的普遍超國民待遇，促使產業結構的優化。改革開放以來，中國實行了鼓勵出口和吸引國外直接投資的各項優惠政策。各地方政府更是將吸引外資作為反應政績的一項重要指標，並因此而展開了競爭。為了吸引外資，很多地方政府開出了近乎「瘋狂」的優惠政策：僅從稅收優惠來看，以 2006 年為例，全國共徵收外國投資企業所得稅 1449.94 億元，占全國企業所得稅徵收總額的 20.73%，遠低於外商投資企業所獲利潤的比例（27.60%）。同時，地方政府還在招商引資過程中在土地使用、企業設立以及融資等方面給予了外資企業極大的優惠和便利，所謂的零地價、送廠房、政府制定銀行配套貸款，優先審批，簡化審批流程等舉措層出不窮。[①] 這種超國民待遇使得外資企業

---

① 張宇. 引資競爭下的外資流入與地方政府收益 [J]. 經濟學家，2010（3）.

擁有了特殊的競爭優勢，那些在國外已經無法生存的高耗能、高污染和淘汰的生產工藝，由於有了中國的廉價勞動力和各種優惠政策，又變得有利可圖，就轉移到中國來繼續生存發展。有研究證明，FDI 並沒有明顯地促進中國的技術進步。

6.7.2 改革要素價格形成體制，緩解要素價格扭曲

前文的分析提出，中國目前其實是以要素而不是企業參與國際分工。中國的勞動、土地、資源等要素價格的低廉並不僅僅是來自於要素的豐富程度，還有要素價格扭曲的制度性原因。

首先，中國出口的加工產品主要是農民工製造的，農民工的勞動力成本低，除了因為供給量大，還有各種制度性原因。由於城鄉分割的二元經濟結構，以戶籍制度為依據的勞動力市場分割，使勞動力價格扭曲，農民工的工資水準過低，全國各城鎮均存在著農民工與城鎮職工同工同崗不同酬的現象。農民工在城市就業但是卻無法享受當地的公共產品，他們在城市非農領域就業但是卻很難轉化為市民和工人。2003 年以來沿海地區在民工潮的同時出現了民工荒的現象，就是這種半城市化模式的一種反應。

其次，土地要素的價格由政府管制。農地的非農轉用必須經過政府批准，由政府徵用，先國有化再用於非農建設。在徵地過程中，對於其原使用者所支付的補償金是基於其損失而非土地的市場價格制定的，這就導致了土地徵用成本和出讓價格之間的巨大差異，同時也構成了政府的一個重要收入來源。地方政府還往往提供廉價的土地資源來招商引資。因此，土地價格扭曲發生了收益從農民到投資者、從國內到外資企業的轉移。

最後，石油、天然氣、煤炭等許多其他自然資源的取得與收益分配也並非由市場決定。生產經營企業繳納的資源使用費僅僅是政府的行政性收費，其數額遠低於市場均衡水準上的資

源價格。這就造成了資源的浪費和環境破壞。

中國生產要素價格的管制在很大程度上是以「增長」和「穩定」為兩大導向的經濟政策的產物。一方面,生產要素價格的低估擴大了其使用者的收益,因此有助於刺激投資,低廉的要素價格還是中國產品在國際市場中競爭力的主要來源;另一方面,生產要素價格管制是抑制由於經濟過熱和「巴拉薩—薩繆爾森效應」導致的價格總水準上揚的重要手段,而後者不僅涉及宏觀經濟運行環境,而且直接關係到中國的社會穩定。正是出於這兩方面因素的考慮,中國對於生產要素價格體制的改革採取了極為審慎的態度。[1] 國內要素和資源價格的人為壓低不僅造成了財富在國內的逆向轉移,而且造成了財富在國際間的逆向轉移,即從中國向歐美國家轉移,從窮國向富國轉移。王庭東(2007)[2] 認為要素價格扭曲程度與要素收益成反比,要素價格扭曲程度越高,本國要素收益就越低,國民利益流失就越嚴重;同時,在要素價格扭曲基礎上的出口比較優勢是虛假的,它導致貿易的結構性扭曲以及過度出口,兩者均會導致利益的外流。

令人欣慰的是,2008年國際金融危機導致中國的外部需求急遽萎縮,出口企業遭受了嚴重的衝擊。這次危機迫使中國的產業轉移和結構調整。2009—2011年出現的「民工荒」,表明勞動力從西部流向東部的速度在減緩,沿海和內地企業提供的工資差距在縮小,因此可以進一步通過各項政策措施,鼓勵勞動密集型產業向內地轉移。另外,中國的能源稅和價格機制改革也正在深入,要素價格扭曲的狀況有望好轉。我們可以考慮

---

[1] 張曙光,程煉. 中國經濟轉軌過陳中的要素價格扭曲與財富轉移 [J]. 世界經濟, 2010 (10).

[2] 王庭東. 要素價格扭曲、利益流失與比較優勢的不確定性,改革. 2007 (7).

建立科學合理的 GDP 核算方式，修正政府政績考核指標中的偏差，將資源和環境指標引入政績考核指標，要求地方政府注重發展質量。

6.8　結論

我們將中國的流動性過剩放在全球化的歷史過程中，以開放的、發展的視角來分析，發現 21 世紀中國的流動性過剩帶有明顯的輸入性特徵，其對策也應該是系統的、開放的。本書認為要解決中國的輸入性流動性過剩問題，應該採取疏導和根治並重的方式。

一方面，當前的全球流動性過剩和中國輸入過剩流動性具有客觀性，是國際分工體系和國際貨幣體系的特點造成的，不可能在中國的內部尋找到立竿見影的獨立解決方法。因此，我們要疏導過剩的流動性以免對中國經濟造成危害。可以考慮到的措施就是通過人民幣國家化、企業走出去和國內居民和企業的對外金融投資來輸出流動性。另一方面，我們要在發展的過程中尋求解決流動性過剩的對策。就要積極參與並影響國際貨幣體系的變革方向，努力獲取中國在國際金融領域的話語權和主導地位。同時，通過轉變經濟增長和開放模式，來改變中國的國際分工地位，從而解除被動輸入國際流動性的問題。

附表：實證分析數據

年份	GDP(億元)	基礎貨幣(億元)	外匯儲備(億美元)	CPI(上年=100)
1990	18,667.8	5046	110.93	103.1
1991	21,781.5	6315.5	217.12	103.4
1992	26,923.5	7905.9	194.43	106.4
1993	25,333.9	13,147	211.99	114.7
1994	48,197.9	17,218	516.2	124.1
1995	60,793.7	20,760	735.97	117.1
1996	71,176.6	26,889	1050.29	108.3
1997	78,973	30,633	1398.9	102.8
1998	84,402.3	31,335	1449.59	99.2
1999	89,677.1	33,620	1546.75	98.6
2000	99,214.6	36,491	1655.74	100.4
2001	109,655.2	39,851	2121.65	100.7
2002	120,332.7	45,138	2864.07	99.2
2003	135,822.8	52,841	4032.51	101.2
2004	159,878.3	58,856	6099.32	103.9
2005	184,937.4	64,343	8188.72	101.8
2006	216,314.4	77,758	10,663.4	101.5
2007	265,810.3	101,545	15,282.49	104.8
2008	314,045.4	129,222	19,460.3	105.9
2009	340,507	143,985	23,991.52	99.3

數據來源：各年《中國統計年鑒》，人民銀行網站，基礎貨幣數據1999—2009年來源於人民銀行網站，1993—1998年數據來自於張亮、孫兆斌（2009），1990—1992年數據來自於胡援成（2000）。

參考文獻

1. 餘永定. 理解流動性過剩 [J]. 國際經濟評論，2007 (7).
2. 張明. 流動性過剩的測量、根源和風險涵義 [J]. 世界經濟，2007 (11).
3. 裴平. 黃餘送. 中國流動性過剩的測度方法與實證 [J]. 經濟學家，2008 (5).
4. 朱民. 馬欣. 新世紀的全球資源性商品市場 [J]. 國際金融研究，2006 (11).
5. 唐杰. 匯率. 經濟增長與流動性過剩 [J]. 開放導報，2007 (12).
6. 曹新. 國際油價變動趨勢和中國石油安全問題研究 [J]. 經濟研究參考，2007 (60).
7. 曾康霖. 流動性過剩研究的新視角 [J]. 財貿經濟，2007 (1).
8. 連建輝，翁洪琴. 銀行流動性過剩：當前金融運行中面臨的突出問題 [J]. 財經科學，2006 (4).

9. 許文彬. 經濟增長. 產業結構演進與流動性過剩 [J]. 財經問題研究, 2008 (8).

10. 白永秀, 任保平. 現代政治經濟學 [M]. 北京: 高等教育出版社, 2008.

11. 國際貨幣基金組織. 世界經濟展望 [M]. 北京: 中國金融出版社, 1997.

12. 斯蒂格利茨. 全球化及其不滿 [M]. 北京: 機械工業出版社, 2004.

13. 嚴波. 論當代國際政治經濟學流派 [J]. 國外社會科學, 2004 (3).

14. 鮑宏禮. 經濟全球化時代的國際關係——論羅伯特·吉爾平的新「霸權穩定論」[J]. 蘭州學刊, 2005 (3).

15. 羅伯特·吉爾平. 國際關係政治經濟學 [M]. 楊宇光, 等, 譯. 北京: 經濟科學出版社, 1989.

16. 卡斯特羅批判新自由主義與全球化 [EB/OL]. 天涯網 http://www.tianya.cn/publicforum/content/worldlook/1/49385.shtm

17. 李江. 經濟全球化: 基於馬克思「世界歷史」理論的考量 [J]. 理論探討, 2009 (4).

18. 馬克思, 恩格斯. 馬克思恩格斯全集: 第4卷 [M]. 北京: 人民出版社, 1972.

19. 馬克思, 恩格斯. 馬克思恩格斯選集: 第1卷 [M]. 北京: 人民出版社, 1995.

20. 特奧托尼奧·多斯桑托斯. 帝國主義與依附 [M]. 北京: 社會科學文獻出版社, 1999.

21. 伊曼紐爾·沃勒斯坦. 現代世界體系——16世紀的資本主義農業與歐洲世界經濟體的起源 [M]. 尤來寅, 等, 譯. 北京: 高等教育出版社, 1998.

22. 袁奇. 當代國際分工格局下中國產業發展戰略研究

[D]. 西南財經大學, 2006.

23. 馬克思, 恩格斯. 馬克思恩格斯全集[M]. 北京: 人民出版社, 1979.

24. 亞當·斯密. 國民財富的性質和原因的研究[M]. 北京; 商務印書館, 1972.

25. 薩米爾·阿明. 不平等的發展[M]. 高銛, 譯. 北京: 商務印書館, 1990.

26. 華民. 國際經濟學[M]. 上海: 復旦大學出版社, 2002.

27. 何澤榮, 鄒宏元. 國際金融原理[M]. 成都: 西南財經大學出版社, 2004.

28. 宋群.「十一五」時期統籌中國產業結構升級與國際產業轉移的建議[J]. 經濟研究參考, 2005 (52).

29. 汪斌. 全球化浪潮中當代產業結構的國際化研究——以國際區域為新切入點[M]. 北京: 中國社會科學出版社, 2004.

30. 羅伯特·布倫納. 高盛的利益就是美國的利益——當前金融危機的根源[J]. 政治經濟學評論, 2010 (2).

31. 王曉雷. 金融業對英國經濟增長和貿易收支的貢獻[J]. 對外經濟貿易大學學報, 2007 (5).

32. 陳曉東, 繆旭輝. 臺灣產業結構升級的成效. 問題及趨勢[EB/OL]. 國研網, 2002-02-06.

33. 張純威. 美元本位. 美元環流與美元陷阱[J]. 國際金融研究, 2008 (6).

34. 劉駿民, 段彥飛. 全球流動性膨脹的歷史和邏輯[J]. 經濟學家, 2008 (6).

35. 張明, 覃東海. 國際貨幣體系演進的資源流動分析[J]. 世界經濟與政治, 2005 (12).

36. 徐建煒，姚洋. 國際分工新形態. 金融市場發展與全球失衡 [Z]. 北京大學中國經濟研究中心討論稿系列，2009.

37. 張雲，劉駿民. 經濟虛擬化與金融危機、美元危機 [J]. 世界經濟研究，2009（3）.

38. 李慎明. 當前資本主義經濟危機的成因、前景及應對建議 [J]. 世界歷史，2009（3）.

39. 王遙. 主權財富基金的總體投資趨勢研究 [J]. 中國流通經濟，2010（1）.

40. 鄒新. 世界流動性過剩揮之不去 [J]. 銀行家，2006（9）.

41. 周愛民，等. 基於三分狀態 MDL 方法度量中國股市泡沫 [J]. 南開大學學報（自然科學版），20102.

42. 賀建清. 流動性過剩對股市波動的影響 [J]. 山東商業會計，2009（4）.

43. 外資投資中國房地產報告 [N]. 經濟日報，2005-09-28.

44. 尹宇明，陶海波. 熱錢規模及其影響 [J]. 財經科學，2005（6）.

45. 萬光彩. 中國的熱錢規模究竟有多大？——基於熱錢流出渠道的估算 [J]. 世界經濟研究，2009（6）.

46. 施炳展，李坤望. 中國製造業國際分工地位研究——基於產業內貿易形態的跨國比較 [J]. 世界經濟研究，2008（10）.

47. 胡暉，張自如. 全球經濟失衡理論研究述評 [J]. 經濟學動態，2006，（11）.

48. 謝海林. 中國以央行票據為工具的衝銷干預研究 [J]. 現代商貿工業，2009（11）.

49. 王世華，何帆. 中國的短期國際資本流動：現狀. 流

動途徑和影響因素［J］．世界經濟，2007（7）．

50．何澤榮，徐豔．論國際熱錢［J］．財經科學，2004（2）．

51．張明，徐以升．全口徑測算當前中國的熱錢規模［J］．當代亞太，2008（4）．

52．陳勇．FDI 和貿易順差中存在熱錢的幾個倪端［N］．第一財經日報，2008 - 07 - 07

53．許滌龍，侯鵬．中國 FDI 流入量中熱錢規模的估算［J］．經濟問題，2009（6）．

54．裴平，韓貴新．迷失的貨幣與突發性通貨膨脹［J］．江蘇行政學院學院，2005（1）．

55．吳少新，馬勇．中國資本外逃的規模測算：1988—2004［J］．湖北經濟學院學報，2005（3）．

56．韓龍．評西方對人民幣均衡匯率的評估［J］．上海金融，2008（8）．

57．冉茂盛，等．人民幣實際匯率失調程度研究［J］．數量經濟技術經濟研究，2005（11）．

57．項後軍，潘錫泉．人民幣匯率真的被低估了嗎？［J］．統計研究，2010（8）．

58．陶然．資本帳戶開放度及對中國的度量［J］．江西財經大學學報，2006（6）．

59．施建淮．中國資本帳戶開放：意義、進展及評論［J］．國際經濟評論，2007（6）．

60．張向軍．後危機時代國際貨幣體系改革的前景：歐元的經驗和啟示［J］．國際金融研究，2010（9）．

61．宋鴻兵．貨幣戰爭2——金權天下［M］北京：中華工商聯合出版社，2009．

62．許小年．行政干預導致中國單位 GDP 能耗是日本 8 倍

［N/OL］. 鳳凰財經網.

63. 張宇. 引資競爭下的外資流入與地方政府收益［J］. 經濟學家, 2010（3）.

64. 張曙光, 程煉. 中國經濟轉軌過陳中的要素價格扭曲與財富轉移［J］. 世界經濟, 2010（10）.

65. 王庭東. 要素價格扭曲. 利益流失與比較優勢的不確定性［J］. 改革, 2007（7）.

66. 趙愛清. 國際貿易理論發展的內在邏輯及方向［J］. 當代財經, 2005（3）.

67. 趙愛清, 楊五洲. 關於全球流動性過剩問題的述評［J］. 經濟縱橫, 2009（11）.

68. 張亮, 孫兆斌. 外匯占款與中國銀行體系流動性過剩分析［J］. 當代經濟管理, 2009（3）.

69. 胡援成. 中國的貨幣乘數與貨幣流通速度研究［J］. 金融研究, 2000（9）.

70. HICKS J R. Critical Essays in Monetary Theory［M］. Oxford: Oxford Unibersity Press, 1967.

71. SEBASTIAN BECKER. Global Liquidity Glut and Asset Price Inflation［J］. Deutsche Bank Research, 2007（5）.

72. STAHELCHRISTOF W. IS. There a Global Liquidity Factor?［M］. Mimeo. Ohio State University, 2004.

73. CHORDIA, TARUN, RICHARD ROLL, AVANIDHAR SUBRAHMANYAM. Order Imbalance, Liquidity, and Market Returns［J］. Journal of Financial Economics 2002（65）.

74. WOON GYU CHOI DAVID COOK. Stock Market Liquidity and the Macroeconomy: Evidence from Japan［R］. IMF Working Paper 2006（10）.

75. KIM S. International Transmission of US Monetary Policy

Shocks: Evidence from VARs [J]. Journal of Monetary Economics, 2001 (48).

76. DOOLEY M, FOLKERTS – LANDAU D, STRAUB R. A Framework for Assessing Global Imbalances [R]. NBER Working Paper No. 9971. 2003.

77. CLAESSENS S, NAUDE D. Recent Estimates of Capital Flight: A Philippine Case Study [R]. Policy Recent Working Paper Series, 1993.

後　記

在兩年的寫作過程中，國際金融領域風雲變幻，中國的宏觀經濟和金融狀況也處於不斷地變化之中。有一點得到實踐證實的是，流動性過剩在 2010 年又再次困擾中國經濟。2010 年下半年開始，中國的通貨膨脹率開始上升，房地產價格在嚴格的調控下仍然不斷上漲。2011 年第一季度的通貨膨脹率已經高達 5%，央行不得不將存款準備金融提高到了 20% 的歷史高度。本書對全球化及當前國際分工格局進行了分析，每一步都是經過了大量收集理解資料和數據，經過獨立的思考形成的觀點。本書對全球化過程中的輸入性流動性過剩問題從多方面進行了分析，提出了若干獨特的觀點。

由於本書選題涉及面比較大，全球化與國際分工、全球經濟失衡，從而到全球流動性過剩，再到中國的流動性過剩，這一邏輯主線涉及的環節多，內容宏大龐雜，因此在寫作過程中難免有顧此失彼，很難全面、準確把握的感覺。還有許多問題在寫作過程中曾經接觸並思考過，但囿於文章主線條簡明的考慮，以及現有知識結構的局限，沒有進行深入的分析，有待今

後繼續學習研究。首先，造成中國流動性過剩的直接原因雖然主要表現為外匯儲備的過快增長，本書也沒有忽略內部因素的影響，但是為了突出研究的重點，本書在進行實證分析時只考慮了經濟增長的因素，至於國內其他因素對流動性過剩的具體影響，還有待更詳盡的研究。其次，2008年金融危機產生的原因之一就是全球流動性過剩，為什麼美國及其他國家仍然採用繼續注入貨幣流動性的方式來應對危機？這裡涉及一個國家的貨幣政策在國際間的傳導和溢出效應的分析。也就是說，美國濫發美元帶來的問題是如何被其他國家承擔而對美國經濟的影響效應具體如何，這是一個值得研究的問題。最後，東亞其他出口導向型的經濟體，是否也面臨與中國類似的流動性輸入狀況，也是有待於後續研究的問題。

致　謝

　　本書的寫作歷經兩年多的時間。這期間國際經濟與金融環境風雲變幻，國內經濟發展也面臨許多不確定因素，而我在導師的鼓勵下始終堅信當初選題時的預期，因此堅持對流動性過剩問題進行研究而沒有中途放棄。在即將完成之際，中國的流動性過剩再一次凸顯，通貨膨脹和資產泡沫又有卷土重來之勢，因而對自己的堅持研究聊感欣慰。

　　首先也是最衷心感謝的是我敬愛的導師何澤榮教授。何老師以他淵博的學識，嚴謹治學、厚道平和待人的態度，時刻感染並指引著我，使我終身受益。在五年的博士學習研究過程中，我的每一步前行都傾註了何老師關注的目光和鼎力的支持。從選題開始，到論文框架和思路的設想，寫作過程中的疑難排解，數據信息收集，何老師都曾給予了我大力的指導和幫助。特別令我感動的是，論文初稿完成後，何老師逐字逐句地審閱，提出了非常詳盡又具有建設性的修改建議，用他的智慧之光照亮了我艱澀的研究之路，令我豁然開朗。因為此論文選題宏大，以我現在的學識很難在國際國內與全球化的時空中穿梭自如，

幸好有良師指引才沒有迷途，得以順利完成。

感謝光華園裡的老師和同學們：鄒宏元教授、倪克勤教授、劉崇儀教授對本論文提出了非常有價值的信息和建議，幫助我完善論文。金融學院博士倪慶東同學、吳曉芹同學和鄧曉霞同學給予了我真誠的幫助和友愛，使得我在研究的道路上沒有孤單無援。

還要感謝我的家人，先生楊五洲經常陪我在寂靜的光華樓深夜苦讀，正是家人的愛成為我前進的動力。有了他們的支持和理解，我才沒有急功近利地應付我的論文，而是靜下心來，潛心鑽研，用心敲下鍵盤上的每一個字。在博士生涯即將結束之際，我也得以欣慰地對自己說：「我努力過，我盡力了。」

　　　　　　　　　　　　　　　　　　　　趙愛清

國家圖書館出版品預行編目（CIP）資料

中國的輸入性流動性過剩研究：基於全球化的視角 / 趙愛清 著. -- 第一版.
-- 臺北市 : 財經錢線文化發行；崧博出版, 2019.11
　　面；　公分
POD版

ISBN 978-957-735-943-8(平裝)

1.經濟發展 2.經濟政策 3.中國

552.2　　　　　　　　　　　108018076

書　　名：中國的輸入性流動性過剩研究：基於全球化的視角
作　　者：趙愛清 著
發 行 人：黃振庭
出 版 者：崧博出版事業有限公司
發 行 者：財經錢線文化事業有限公司
E-mail：sonbookservice@gmail.com
粉絲頁：　　　　網址：
地　　址：台北市中正區重慶南路一段六十一號八樓815室
8F.-815, No.61, Sec. 1, Chongqing S. Rd., Zhongzheng
Dist., Taipei City 100, Taiwan (R.O.C.)
電　　話：(02)2370-3310　傳　真：(02) 2388-1990
總 經 銷：紅螞蟻圖書有限公司
地　　址：台北市內湖區舊宗路二段121巷19號
電　　話：02-2795-3656 傳真:02-2795-4100　網址：
印　　刷：京峯彩色印刷有限公司（京峰數位）

本書版權為西南財經大學出版社所有授權崧博出版事業股份有限公司獨家發行電子書及繁體書繁體字版。若有其他相關權利及授權需求請與本公司聯繫。

定　　價：420元
發行日期：2019年11月第一版
◎ 本書以POD印製發行